国語授業の改革 8

PISA型読解力を超える国語授業の新展開

新学習指導要領を見通した実践提案

科学的『読み』の授業研究会 編

学文社

はじめに

ＯＥＣＤの学習到達度調査（ＰＩＳＡ）が日本の教育界にいろいろな波紋を投げかけています。特に二〇〇三年に日本の「読解力」の順位が大きく下がったことは、大きな話題となってきました。それが全国学力・学習状況調査に反映され、新学習指導要領にも影響を与えています。ＰＩＳＡの結果は、これまでの日本の国語科教育の弱点を、顕在化させてくれたという側面があると考えます。文章を構成的・構造的に把握する力、書かれ方の工夫・仕掛けを見つけ出す力、推理・推論する力、文章を吟味・評価する力などに弱点があることが見えてきました。「読むこと」と「書くこと」の関連という点でも弱点がありました。しかし、だからと言ってＰＩＳＡ型「読解力」を絶対化することも危険です。そこには限界・弱点もあります。たとえば、吟味・評価・批判に関しては、まだ不徹底な面が多いと言えます。

以上のような認識から、『国語授業の改革』の第8号は「ＰＩＳＡ型『読解力』を超える国語授業の新展開―新学習指導要領を見通した実践提案」を特集します。

第Ⅰ章では、ＰＩＳＡ型「読解力」に応えつつ、それを超えるための授業づくり構想と実証授業を提示しました。二つの問題提起に続き、六人の実践家が、授業のねらい・教材研究・授業構想を示した上で自分自身の実践の記録を提示しました。いずれも挑戦的な実践です。第Ⅱ章では、ＰＩＳＡ型「読解力」に応えつつ、それを超えるために有効な教材を紹介しました。その教材でどういう力をつけようとするのか、教材の詳細な分析・検討、授業展開のイメージなどを具体的に示しました。第Ⅲ章では、気鋭の研究者の方々にＰＩＳＡ型「読解力」に関する提言を様々な角度からしていただきました。

『国語授業の改革8』には、その名のとおりこれまでの国語の授業を改革するための糸口がたくさんあります。多くの先生方、研究者の方々に読んでいただき、ご意見・ご批判をいただきたいと思います。

二〇〇八年八月

科学的『読み』の授業研究会代表　阿部　昇（秋田大学）

目次

Ⅳ PISA型「読解力」を考えるための読書案内――私が勧めるこの一冊

1　日本の国語科教育はＰＩＳＡ「読解力」をどのように受けとめるべきか

――ＰＩＳＡ「読解力」の先進性と限界

阿部　昇（秋田大学）

1　はじめに

ＯＥＣＤ（経済協力開発機構）が加盟国の一五歳を対象に生徒の学習到達度調査（ＰＩＳＡ・Programme for International Student Assessment）を二〇〇〇年から始めた。その中の「読解力」（Reading Literacy）に関する二〇〇三年の日本の結果をめぐって少なくない動揺が日本の教育界に起こった。「PISA shock」などと言われることもある。二〇〇〇年に41カ国中８位だった「読解力」が、二〇〇三年に14位にまで落ちこんだためである。二〇〇六年の調査でも、日本の「読解力」は15位であった。[1]

ＰＩＳＡ「読解力」に関して、過剰に反応すべきでないという意見から、ただちにＰＩＳＡ対応の施策を打ち出すべきという意見までさまざまな論議がある。私は、ＰＩＳＡ「読解力」について、おおよそ二つの対応の仕方があると考えている。そして、それらは二つともに実行していくべきと考える。ＰＩＳＡ「読解力」は、これまでの日本の国語科教育に欠落していた要素をわかりやすい形で顕在化してくれたという側面をもつ。それを真摯に受け止めることで国語科教育を良い方向に変えることができる。それが一つ目である。とは言え、ＰＩＳＡ「読解力」を絶対化することも危険である。ＰＩＳＡ「読解力」には限界もある。それをも直視することで、一つ目とは違った側面から国語科教育を変えていくことができる。それが二つ目である。この稿では、その二つの対応の仕方について論じながら、ＰＩＳＡ「読解力」を日本の国語科教育にどう生かしていくべきかを考える。

二〇〇三年のＰＩＳＡ「読解力」の結果が問題になったと述べたが、二〇〇〇年のＰＩＳＡ「読解力」の結果の中に検討すべき課題が既に含まれている。二〇〇三年の結果は、その延長線上にあり、それがより顕在化したと見ることができる。ここでは、データが比較的多く公表されているそちらの検討を中心に進めていく。

2　ＰＩＳＡ「読解力」の正答率と無答率に着目する

ＰＩＳＡ「読解力」の問題・設問の中には、これまでの日本の国語科教育では、ほとんど取り上げられることがなかったものが多く含まれていた。ここでは、特に日本の子どもの正答率がＯＥＣＤ平均を大きく下回っていた設問と、日本の子どもの無答率（その設問を白紙のまま提出した率）がＯＥＣＤ平均に比べ特に高かった設問を取り上げ検討していく。正答率の低さはそれ自体が課題である。また、仮に正答率が低くなかったとしても、全く手を付けない（または付けられない）子どもが相対的に多くいるということも、大きな問題である。「無答」ということは、その設問に関わる学習が極めて少ないか全くないために、そこで必要とされる学力が剥落していたという可能性がある。そういう子どもがより厚く存在するのだとすると、それも大きな課題である。

ＰＩＳＡ「読解力」の中で、二〇〇〇年に日本が平均正答率を大きく下回った設問の一つが、「落書き」に関する問題の中にある。町中の「落書き」をめぐってヘルガとソフィアという二人の少女が書いた賛否の手紙が提示される問題である。ヘルガは「社会に余分な損失を負担させないで、自分を表現する方法を探すべき」、「落書き」は「若い人たちの評価を落とす」と述べる。また「建物やフェンス、公園のベンチは、それ自体がすでに芸術作品」であり、それらを落書きで「台なしにするというのは、ほんとに悲しいこと」と訴える。一方ソフィアは「世の中はコミュニケーションと広告であふれて」おり、「企業のロゴ、お店の看板、通りに面した大きくて目ざわりなポスター」は許されていると述べる。そして、「落書き」同様「看板を立てた人は、あなたに許可を求め」てはいないと指摘する。それと同じように「落書き」も「一種のコミュニケーション」ではないかと述べる。

その問2は「ソフィアが広告を引き合いに出している

理由は何ですか。」というものだが、正答率は日本が四二・二％、ＯＥＣＤ平均が五三・四％であった。記述式の設問である（以下、ここで取り上げることになる設問は、いずれも記述式である。）「採点基準」を見ると、「落書きと広告を比較していることを理解している」「広告は落書きの合法的な一形態という考えに沿って答えている」、または「広告を引き合いに出すことが、落書きを擁護する手段の一つであることを理解している」ことが、「正答」の条件となっている。

それは、「理由」という言葉で本文中に書かれてはいない。「広告」＝「企業のロゴ、お店の看板、通りに面した大きくて目ざわりなポスター」であることをまず理解する必要がある。そして「落書き」も「広告」も許可を求めていない点では同じこと、またどちらも「一種のコミュニケーション」であると述べていることに着目することが求められる。文章を構造的に把握し、複数の箇所を組み合わせつつ、理由を推理することが必要となる。

「落書き」の問３は「あなたは、この２通の手紙のどちらに賛成しますか。片方あるいは両方の手紙の内容にふれながら、自分なりの言葉を使ってあなたの答えを説明してください。」となっている。日本の正答率は、わずかにＯＥＣＤ平均を上回っているものの、無答率がたいへん高い。ＯＥＣＤ平均六・八％に対し、日本は一五・二％と倍以上である。フィンランドやアメリカ合衆国は、三％程度である。

問４は「あなたの意見では、どちらの手紙がよい手紙だと思いますか。片方あるいは両方の手紙の書き方にふれながら、あなたの答えを説明してください。」というものである。これも正答率はＯＥＣＤ平均を上回るものの、無答率はＯＥＣＤ平均一三・九％に対し、日本は二七・一％となっている。フィンランドは約九％、アメリカ合衆国は約六％である。

いずれも、日本の子どもの無答率は異様に高い。

二つの問いともに説明的な文章を吟味・評価することを求めるものである。文章をメタ的に把握することを求めているとも言える。一方に賛成するということは一方に反対するということであるから、批判的読解を内包した設問とも言える。このような吟味・評価・批判をする学習が、これまでの日本の国語の授業では欠落していた。

「贈り物」という短編小説に関する問題でも、正答率や無答率から課題が見えてくる。この小説は、「彼女」が大雨で家ごと川に流されるという状況の中で、そこに流れついた獣のヒョウと「彼女」とがさまざまに関わっていく展開になっている。はじめはヒョウを撃ち殺そうとした「彼女」だが、最後にはヒョウにハムを食べさせる。

その問5では、「この物語では、この女性がヒョウに食べ物を与えた理由を暗示しています。それは何ですか。」と問うている。OECDの平均正答率（完全正答）は四一・六％であるが、日本は三三・〇％であった。ここでは「ヒョウに対するこの女性の哀れみまたは共感が動機なっていること」を答えるか、「女性自身が自分の動機を自覚していないこと」を答えるかが求められる。食べ物を与えた「理由」そのものは、文章中に明示されていない。「暗示」されているだけである。書かれていることを根拠にして、直接には書かれていないこと（暗示）を推理することを求めている。

「贈り物」の問7は「『贈り物』の最後の文が、このような文で終わるのは適切だと思いますか。／最後の文が物語の内容とどのように関連しているかを示して、あなたの答えを説明してください。」となっている。これも、正答率（完全正答）OECD平均二〇・五％に対し、日本は一二・〇％である。無答率も日本は四〇・七％と、OECD平均の二〇・八％の倍になっている。作品を吟味・評価・批評していくことを求める設問である。説明的文章同様、文学作品分野でも、国語の授業ではこういった学習はこれまでほとんど行われることがなかった。

「贈り物」の問3は、作品の前半部分三箇所を示し「物語の後半で起こったことを考えると、著者はヒョウを登場させるにあたって、なぜこういう書き方をしたのでしょうか。」というものである。日本の正答率はOECD平均とそう変わらないものの、無答率が二九・六％と、OECD平均の一八・一％を大きく上回っている。これは、作品前半の伏線が作品後半でどのような効果を発揮するかを問うたものである。作品の事件展開の仕掛けを構造的に把握することが必要となってくる。

説明的文章に関しては、①文章を構造的・メタ的に把握する力、②文章の内容・書かれ方を吟味・評価・批判する力が、子どもたちに十分に身に付いていない可能性を示唆する。小説・物語については、①作品に事件展開の在り方を構造的に把握する力、②作品に書かれていることを根拠に直接には書かれていないことを推理する力、③作品の書かれ方を吟味・評価・批評する力が、十分に身に付いていない可能性を示唆する。[2]

3　PISA「読解力」の結果から見えてきた日本の国語科教育の弱点

右で検討したPISA「読解力」の結果は、既に述べてきたようにこれまでの日本の国語科教育のあり方と深い関わりがある。

一つには、それは教科書を見ればわかる。教科書の学習の手引きでは、説明的文章では「A 八つの方法に対する筆者の説明を表にまとめましょう。／B この文章を書いた筆者の目的について考え、話し合いましょう。[3]」、「筆者は、マスメディアの情報のどのような点を取り上げ、どのような問題があるといっているか。[4]」などのパターンが多い。文学作品では、「作品を、時間の流れによって六つの場面に分け、メロスの行動と心情の変化を、場面ごとにノートにまとめよう。（中略）メロス、王、セリヌンティウスは、それぞれどのような人物としてえがかれているか、話し合おう。[5]」「故郷をあとにするときの『わたし』がいう『希望』について、自分の考えを文章にまとめよう。[6]」などのパターンが多い。教師がこれらの手引きを創造的に発展させていけば別だが、このままでは「1」で指摘した構造的・メタ的に文章・作品を把握する力、書かれていることを根拠に直接には書かれていないことを推理する力、内容・書かれ方を吟味・評価・批判・批評をする力を育てることにつながっていくものとは言い難い。

授業実践からも、見えてくる点も少なくない。説明的文章の授業では、たとえば「⑴全文を通読させ、筆者がどのような観点から日本語の特色を述べているのかをとらえさせる。／⑵それぞれの観点に基づいて、どんな事柄を取り上げて説明しているかを読み取らせ、内容を要約させる。／⑶指示語や接続語に着目させながら、論旨展開をとらえさせる。／⑷日本語の特色が、私たちの生活とどのように関わっているかを読み取らせ、言語生活への関心を高める。」などの目標を設定して授業を行う場合が多かった。[7] ここには、構成的・構造的に文章を把握させていく観点、文章を吟味・評価・批判させていく観点などは、ほとんどない。

物語・小説の授業でも同様の傾向がある。

たとえば「走れメロス」の授業では、教材の最大の節目となるべき次の部分を取り上げながらも、結局は通り一遍の読み取りで終わってしまうものが少なくない。

「それだから、走るのだ。信じられているから走るのだ。間に合う、間に合わぬは問題でないのだ。人の命も問題でないのだ。わたしは、なんだか、もっと恐ろしく大きいもののために走っているのだ。」「メロスの頭は空っぽだ。何一つ考えていない。ただ、わけのわからぬ大きな力に引きずられて走った。」

大分県の中学校のある授業では、右の部分に関して子どもから「信じられている人、待っている人があるんだなあ。本能的なものかもしれないけど、そういう本能的なものを信実として。言葉に対してメロスの考えが変わった。」「セリヌンティウスの今までの信実とか、そういう、この三日間の信実とちがう、もっと恐ろしく大きな本当の意味の信実。」「うそいつわりのない、本当の信実へ。」などという意見が出されたところで、事実上読み取りが終わってしまっている。「本能的」「本当の意味の信実」など、抽象的・観念的な読み取りの域を出ていない。[8]

ここでは、「なんだか」「わけのわからぬ」「恐ろしく」「引きずられて」などにもっと丁寧に着目しながら、メロスの中で「信実」のもつ意味が変わっていることを読み込み推理する必要がある。「引きずられて」ということは明らかに〈いやいや〉〈苦しい〉〈できれば走りたくない〉という意味が含まれる。そういうものに「信実」が変わったと推理できる。ここでの「信実」は、作品の前半でメロス自身が意識していた「人の信実の存するところを見せつけてやろう」というような自信満々で積極的なものとは読めない。「信実」は、メロスにとって人間を苦しめるもの、無理矢理引きずるもの、むしろない方が楽なもの、となっていることが読めてくる。そういうものにメロスの中で「信実」の意味が変化していった。

高知県の中学校の実践では、せっかく子どもが「走りたくないけど、走る。」という核心に迫る読みを提出したにもかかわらず、「ここは、走りたくないのかな？」と即座に教師が否定してしまっている。教師はその読みを「とんでもない意見」と否定的に解説している。[9]

そして、それは前半部分でメロスとディオニスの人物像を読むこととも、構造的に深く関係している。メロスは「善」、ディオニスは「悪」と読んで終わる場合が少なくない。それだけならば、ディオニスを「蒼白」にし、「眉間」に「刻み込まれたよう」な「しわ」をもたせ、自分を殺しに来た若造の前で「ため息」をつくようには描かないはずである。明らかに、苦しみ悩み迷路に迷い込んでいる人物の姿が見える。残虐であるが、（または残虐であるがゆえに）出口の見えない地獄で迷う王である。「悪」であることは間違いないが、そういう苦しみ悩み迷い続ける人物である。一方メロスは、「善」ではあるが、そういう世界があることを全く知らない、まさに「のんきな」人物である。だから、本気で王の態度に「じだんだを踏み」「ものも言いたくなく」なり、何の躊躇もなく自信たっぷりにセリヌンティウスを呼び出す。その対比的な人物像が読めていないと、さきほどの「大きなもの」「大きな力」に「引きずられる」ことの意味は見えてこない。

作品そのものを構造的に読んだり、事件展開の仕掛けを読んだり、様々な表現・レトリックが含みもつ形象性を読んだりということが、これまで極めて弱かった。もちろん、それらの読み取りと関わらせながら、作品を吟味・評価・批評するという指導も弱かった。

私は、説明的文章については、a構成・構造を読む力、b語彙・論理を読む力、c吟味・評価・批判する力を重視すべきことを提案してきた。また、物語・小説を含む文学作品については、a構成・構造を読む力、b形象・レトリックを読む力、c吟味・評価・批評をする力を重視すべきことを提案してきた。今後は、説明的文章についても、物語・小説や詩・短歌・俳句、さらには随筆などについても、吟味・評価・批評・批判という要素を指導過程に明確に位置づける必要がある。そして、その際にその要素だけを重視するのではなく、その前提となる構造的観点の指導、語彙・論理・形象・レトリック的観点の指導を重視していくことが大切である。

4　ＰＩＳＡ「読解力」の限界とその克服

ＰＩＳＡ「読解力」からは、真摯に謙虚に学ぶべき要素が少なくない。しかし、それを絶対化することも、また危ない。説明的文章・文学作品ともに限界もある。それを認識しないままに、ＰＩＳＡが求めている「読解力」

がゴールであるかのような錯覚をもってはいけない。

ＰＩＳＡは「読解力」を「自らの目標を達成し、自らの知識と可能性を発達させ、効果的に社会に参加するために、書かれたテキストを理解し、利用し、熟考する能力」としている。[10] 特に「効果的に社会に参加する」という要素、「評価」を含む「熟考」という要素については、従来の日本の国語科教育が前面に出していたとは言い難いものであり評価できる。

また、ＯＥＣＤがそれまでのＰＩＳＡを含む調査や研究を整理し、それ以降行われる調査に共通する能力の概念を一つにまとめるために設定した「『コンピテンシーの定義と選択：その理論的・概念的基礎』プロジェクト」の報告書の中では、三つの力が設定されている。[11]（ここで言う「コンピテンシー」とは、「能力」のことである。）「自律的に活動する力」「道具を相互作用的に用いる力」「異質な集団で交流する力」である。

そのコンピテンシーには、「批判的スタンス」「批判的思考」「批判的な思考スキル」「批判的に考察する」ことが、かなり中核的な要素として位置づけられている。また、そこには「民主主義への積極的な参加」「投票権の行使」「社会的決定への参画」「社会的不平等の削減」といった要素も重視されている。さらには、国連の「世界人権宣言」（一九九〇）を引用し、「キー・コンピテンシーを定義づけ、選び出すための前提となる一連の実践的な価値観、要求、条件」と位置づけている。引用されているのは、「社会正義」「人道主義的価値観」「人権」「国際的な平和と連帯」などである。それらすべてに「読解力」が直接かかわるとは限らないだろうが、少なくともこういった視座の中で「読解力」を含むＰＩＳＡ等のＯＥＣＤの調査が行われていることは間違いない。

しかし、残念ながらＰＩＳＡ「読解力」そのものは、実際にはその理念どおりの内実を伴っていない。検査問題という限界はある。しかし、そうでありながらも、「批判的な思考スキル」に深く関連した問題・設問をもっと前面に押し出していくことはできるはずである。

（１）説明的文章分野における限界とその克服

さきほど取り上げた「落書き」問題の問３「あなたは、この２通の手紙のどちらに賛成しますか。片方あるいは両方の手紙の内容にふれながら、自分なりの言葉を使ってあなたの答えを説明してください。」、問４「あなたの意見では、どちらの手紙がよい手紙だと思いますか。片方あるいは両方の手紙の書き方にふれながら、あなたの答えを説明してください。」にしても、ともに「片方」の手紙の内容に触れるだけでもよいことになっている。つまり自分が「賛成」あるいは「よい」と考える方の手紙に言及するだけでも可ということである。

一方に「賛成」する、一方を「よい」とするということは、もう一方に「反対」、「よくない」と考えるということである。なぜ「反対」なのか、なぜ「よくない」と考えるのかを、答えさせることは十分可能なはずである。にもかかわらず、そこまでを求めようとはしていない。そこにＰＩＳＡ「読解力」の限界が顕在化している。

公表されている「採点基準」の「正答」の条件も、「片方または両方の手紙の内容にふれながら意見をのべている」となっている。「説得力のある解釈をしていること」という「基準」はあるが、何をもって「説得力」があると見るかは曖昧である。「効果的に社会に参加するために」（ＰＩＳＡ「読解力」の定義）は、二つを比較し、一方にはこういう根拠で「賛成」するが、もう一方にはこういう根拠で「反対」する。あるいは、一方はこういう根拠でより「よい」と考えるが、もう一方はこういう根拠でより「よくない」と考える。――と答えられることこそが、重要なはずである。「批判する」ことを明確に打ち出すことができていないという点で、ＰＩＳＡ「読解力」には大きな限界がある。

私は小学校・中学校・高等学校で文章を吟味的・評価的・批判的に読む力を学ばせ身につけさせていく必要があることを、これまで提唱してきた(12)。そこには、その文章の優れた点を発見する力と不十分な点・わかりにくい点を発見する力が含まれる。また、優れた点と不十分な点を説得的に表現する力、当該の文章をリライトする力を身につけさせることの重要性も強調してきた。

そのために私は「小中高で学ばせ身につけさせる二六の吟味の方法」を提案している。そのカテゴリーは次の六つである。

① 語彙・表現を吟味する。
② 「事実」の現実との対応を吟味する。
③ 「事実」の取捨選択を吟味する。

④ 根拠・解釈・推論を吟味する。
⑤ ことがら相互・推論相互の不整合を吟味する。
⑥ 表現・事実選択・推論などの裏にある考え方・ねらい・基準を吟味する。

これらには、それぞれ下位の吟味の方法があるが、これらは、いずれも主体的に「社会に参加するため」には必須のもののはずである。しかし、PISA「読解力」の問題・設問には、こういった観点は不徹底な形でしか含まれていない。

まずは設問の中に「もう一方に反対する理由を述べる」「もう一方をよいと考えない理由を述べる」といった要素を明確に位置づける必要がある。また、たとえば、次のような文章を提示して、その不十分さを批判させることもできるはずである[13]。この文章は「廃棄物の中身が、最近大きく変化していること」を説明している。

まず、第一に言えるのは、使い捨ての容器、包装材などが増えたことである。空き缶、プラスチック・トレイ、ビニル袋などの容器、包装材は、容積で考えると、毎日わたしたちが出すごみの約六〇パーセントを占めている。

（中略）

次に食べ残しが増えたことも気になる点である。（中略）その量は、台所から出されるごみ全体の四〇から四五パーセントにものぼる。

この文章は「増えた」ことを強調しているにもかかわらず、最近のデータだけを示し、以前のデータをどこにも示していない。私たちが通常考えている以上の最近のデータが示されても、以前のデータが示されない以上、「増えた」かどうかは不明のままである。

次のような文章を提示して、不十分さを批判させることもできる[14]。「知る」とはどういうことかについて述べた文章である。この文章は、「知る」というためには、一定の実証性・厳密さが必要であることを述べたものである。

朝から降り続く雨を今私が見ているとして、近い未来、例えば、「三分後にも雨が降っているだろう。」

というのは、ほとんど確かなことである。しかし、遠い未来、例えば「明日の今ごろ降っている。」かどうかは、確かではない。つまり知ることができない。

「「明日の今ごろ降っている。」かどうかは、確かではない」とあるが、正確なデータに基づく科学的な予報である場合は、「明日の今ごろ降っている」かどうかには、かなりの程度の「確かさ」がある。逆に、「三分後に雨が降っているだろう。」は、雨の程度や雲の様子などによって違ってくるにしても、「確か」でないこともある。もともと雨が弱い場合は、三分後には雨がやんでいるかもしれないし、激しい雨であっても急にやむこともある。常識的には、明日のことより三分後のことの方が「確かさ」の程度は高いとは言える。しかし、それは程度の問題であるし、時と場合によっては、それが逆転することもある。一方は「確か」「知ることはできる」、一方は「確かでない」「知ることができない」という二分法そのものにも無理がある。少なくとも「確かさ」を説明するための説明・事例としては、極めて不十分であると言わざるをえない。

これまでの教科書の学習の手引きには、右のような要素はほとんど欠落していた。しかし、そういう口でも説明的文章の吟味・評価・批判を行わせようとしている例がある。たとえば、次のような手引きである。(15)

筆者の意見に賛成できるところ、賛成できないところとその理由をまとめ、発表しましょう。

この前に「それぞれの段落の役割、効果について考え、表にして整理しましょう。」という手引きがあるものの、吟味・評価・批判の具体的な方法は明示されていない。それについては、改善が必要である。とは言え、「賛成」「賛成できないところ」という手引きは重要である。

(2) 物語・小説分野における限界とその克服

さきほどの「贈り物」の問7「『贈り物』の最後の文が、このような文で終わるのは適切だと思いますか。／最後の文が物語の内容とどのように関連しているかを示して、あなたの答えを説明してください。」は、確かに作品の吟味・批評・批判につながる要素をもっている。

しかし、「採点基準」の「正答」を見ると、「物語を文字通りに正確に理解し、その奥に示された意味を解釈している。」「主題の完結性の点から結末を評価している。」「ヒョウと女性との関係、生き延びること、贈り物または感謝などについて答えてもよい。」とあるだけである。この「正答」であれば、「適切」かどうかではなく、この結末のもつ効果・意味をそつなく指摘していればよいことになる。

そもそもこの「贈り物」で結末部分が「適切」かどうかを評価・批評させること自体に疑問がある。この結末の「適切」さを指摘することはできても、不「適切」であることを説得力をもって答えることは、極めて難しい。この結末は、女性の危機的状況が解決し、ヒョウもどこかへ去っていったことを示している。そして、「ポーチの上には、かじられたハムが白い骨になって残っていただけだった。」で終わる。どう考えても、作品構造上必要な部分である。

物語・小説分野についてもPISA「読解力」には、不十分さが残る。作品を子どもたちに批評・評価させていくことについても不徹底である。

最近日本でもPISA型「読解力」対応ということで、物語・小説の批評・評価に関する実践が少しずつ出てきている。

たとえば「わらぐつの中の神様」（杉みき子）を取り上げ、「マサエが『「おかえんなさあい」とさけんでげんかんへ飛び出した』この物語の終わり方はよいと思いますか。」と問う授業プランが提案されている。(16) しかし、さきほどの「贈り物」同様、この作品のこの結末には、かなり高い必然性がある。この作品でこの結末を否定するとすると、この作品を教材として取り上げること自体に意味がなくなる。「この部分がある場合とない場合では、どう違いますか」であればまだ作品の読みが豊かになっていく可能性があるが、「よい」かよくないかという問いは、作品の豊かな読みを阻害する可能性がある。特に「よくない」という立場から作品にアプローチをする子どもは、無理なこじつけを行いながら、作品の読みをやせ細らせていく危険がある。

「オツベルと象」（宮沢賢治）を取り上げ、「オツベルがくしゃくしゃにつぶれてしまう終わり方に賛成ですか。それはなぜですか。／反対の人は、もっとよい終わり方を考えてください。」と発問し子どもたちに答えを書かせていった埼玉県の中学校の実践がある。(17) 教師が「正答」とした「解答」の実例として、「自分だけ贅沢をしているからくしゃくしゃになるのも悪くないと思う。罰が当たったんだ。あの『たいしたもんだ』と言っていた牛飼いも、ひどいと感じていた。お話の中だけど、それがオツベルの運命だったんだと思う。」が示されている。この子どもは、この作品と豊かに対話しているとは思えない。

確かにオツベルは白象たちを苦しめる飛んでもない性悪の人物として描かれている。しかし、ここではそういう人物が排除されたにもかかわらず、白象は最後に「さびしく笑」う。そのことの意味を、読み深めさせる必要がある。「罰があたった」「運命」などという勧善懲悪を越えたところに、この作品の価値や魅力がある。作品の構造や筋の展開、レトリックなどの丁寧な読み取り、節目となる部分の読み深め、テーマの把握などを丁寧にさせていく過程を欠落させたままに、これらを「正解」として授業を終えたのでは、かえって読むことの授業は荒廃していく。(18)

この作品であれば、たとえば最後の白象が「さびしく笑っ」たことから、まずテーマを把握し、その上でそのテーマに共感できるかできないかを相互に話し合い討論するという指導方法が考えられる。「『さびしく笑』う白象に共感できるか、できないか」という問いでもよい。共感できるかできないかを相互に交流し、異質な見方に相互に触れることで、子どもたちが様々な発見をしていく可能性がある。現代の社会には、悪事を働いた人間には死をも含めた厳罰を与えるべきという見方が少なからず存在する。「さびしく笑」う白象は甘いのか、甘くないのか。その白象の在り方に共感できるか、できないか。――等を話し合い討論することには意味がある。

ただし、その場合も、作品の構造や事件展開、人物像、表現・レトリックを読み深め、テーマをある程度まで把握していないと、上滑りの討論に陥る危険がある。仮に批評的問いかけを先に行う授業を構想するとしても、その検討過程で構造、展開、人物像、表現、テーマ等の読み取りを常に関わらせていく必要がある。

物語・小説の吟味・評価・批評を指導するためには、問いかけ（課題）そのものの妥当性・必然性がまずは必須であるが、同時に構造、形象・レトリック、テーマ等の読みとりを深く関わらせていくことが重要である。[19]

これまでの教科書の学習の手引きでは、右のような要素はほとんど欠落していた。しかし、そういう中でも作品の批評・評価を適切に行わせている例がある。たとえば、「走れメロス」の手引きである。[20]

4 メロスの生き方について、共感できたか、できなかったかを、その理由も考えながら話し合ってみよう。

これは、導入・展開部分の人物像の把握、後半の事件展開を把握することを求めた上で設定されている。

「羅生門」（芥川龍之介）の末尾の「下人の行方は、誰も知らない。」（最終稿）が初稿では「下人は、既に、雨を冒して、京都の町へ、強盗を働きに急ぎつつあった。」となっていた。その違いを批評・評価させるという方法もある。これも、ただ論争するだけでは、作品の豊かな読みから遠ざける危険がある。作品の構造、事件展開、レトリック、テーマの読みの中に位置づけつつ評価・批評させていく必要がある。下人の一連の老婆への見方の展開とクライマックスを下人のエネルギーの発露と見れば、下人がこの後、盗人になることに不自然さはない。とすると「強盗を働きに」であっても問題はない。しかし、それを下人の自己決定の危うさと見れば、下人は盗人になることができない可能性を残すことになる。それゆえに「行方は誰も知らない」なのかもしれない。

私は、二〇〇四年に物語・小説を「吟味する方法」として次の七つを提案した。今述べた「オツベルと象」の問いは、その「5」「6」にかかわる。[21]

1　語り手を替え、それとの差異からオリジナルのプロット全体をとらえ直し吟味する。

2　別の事件展開の可能性を仮定し、それとの差異からオリジナルのプロット展開をとらえ直し吟味する。

3　導入部における人物設定、時や場の設定、先行事件の設定などについて別の可能性を仮定し、それとの差異で導入部をとらえ直し吟味する。

4　別の語りの可能性を仮定し、それとの差異でオリジナルのプロットをとらえ直し吟味する。

5　構造の読みや形象の読みで見えてきた人物像、語り手像、語り手の設定の仕方、作品のもつものの見方・考え方そのものを、直接対象化し吟味する。

6　右のような方法を駆使しつつ、自分が読みとった当該作品の思想、ものの見方・考え方に、別の思想、価値観等を対置させ、それらの緊張関係の中で吟味する。

7　以上の過程を通して、作品と自分、作品と世界との関係について追究していく。

物語・小説の吟味・評価・批評は、「1」～「4」のようにより作品の要素にかかわったものと、「5」～「6」のようにより作品のテーマ等にかかわったものに分類できる。授業化にあたっては、作品（教材）の性格によって、これらを使い分けていく必要がある。

これらの方法についても、丁寧な構造、事件展開、レトリック、テーマ等の読み深めがあってこそ、生きるものである。また、これらの方法を応用するとしても、その問いかけ方によっては、既に述べてきたようにかえって作品の読み取りを阻害する危険があることもここで強調しておく。

注

（1）国立教育政策研究所編『生きるための知識と技能―OECD生徒の学習到達度調査（PISA）』二〇〇二年、ぎょうせい、『同書・2』二〇〇四年、『同書・3』二〇〇七年

（2）お茶の水女子大学大学院人間文化研究科の二一世紀COEプログラム「誕生から死までの人間発達科学」が二〇〇二年から始まった。その第三プロジェクト「青少年期から成人期への移行についての追跡的研究」（JELS）の中で、大規模な学力調査を行っている。教科は国語と算数・数学であるが、その国語学力検査チームの責任者を阿部が担当している。この検査問題は、小三、小六、中三、高三の子どもを対象としているが、各学年ともに説明的文章問題、物語・小説問題、語彙問題、文法問題、書くことの問題、音声問題、漢字問題からなっている。特に言語による認識力・想像力・思考力・判断力を重視し、従来の国語学力調査問題にとらわれることのない新しい形の問題設定を試みた。第一回の調査は、二〇〇三年から二〇〇四年に実施したが、その結果と上記のPISA「読解力」の課題と、かなりの程度重なる部分がある。（お茶の水女子大学大学院『JELS』第1集～第10集、二〇〇四～二〇〇七年）

（3）『新しい国語2』二〇〇二年、東京書籍、二五頁

（4）『国語3』二〇〇二年、光村図書、一二八頁

(5)『中学国語 伝え合う言葉2』二〇〇二年、教育出版、二四四頁

(6)『現代の国語3』二〇〇二年、三省堂、一七五頁

(7)相沢秀夫「中学3年の教材分析・日本語の特色」『読み方授業のための教材分析第7巻・中学校説明文教材』一九八三年、明治図書、二六一頁

(8)松崎英敏「『走れメロス』全授業の展開と研究Ⅰ部」『実践国語研究別冊No.112』明治図書、八三頁

(9)山中幸三郎『文芸研・教材研究ハンドブック・中学校3太宰治=走れメロス』一九九三年、明治図書、四八頁

(10)前掲書(1)一冊目、三〇頁

(11)ドミニク・S・ライチェン他編著『キー・コンピテンシー—国際標準の学力をめざして』二〇〇六年、明石書店(*KEY COMPETENCIES FOR A SUCCESSFUL LIFE AND A WELL-FUNCTIONING SOCIETY* edited byD.S.Rychen & L.H. Salganik 2003)

(12)阿部昇『文章吟味力を鍛える—教科書・メディア・総合の吟味』二〇〇三年、明治図書、一七七～二一五頁

(13)高月紘「本当に必要なものは」『国語1』一九九五年、光村図書、一七九～一八一頁

(14)加藤周一「『知る』ということ」『新版国語6・下』一九九五年、教育出版、三八頁。阿部が指摘した箇所とは違うが、この教材の問題点については、宇佐美寛が既に指摘している。(『国語授業における言語と思考』一九九四年、明治図書)

(15)『新しい国語3』二〇〇二年、東京書籍、二五頁

(16)有元秀文『必ず「PISA型読解力」が育つ七つの授業改革—「読解表現力」と「クリティカル・リーディング」を育てる方法』二〇〇八年、明治図書、一〇一頁

(17)前掲書(16)、一〇三～一〇五頁

(18)物語・小説の吟味・評価・批評の授業では、表層レベルの読み取りしか展開できない場合、「オツベルは悪いことをしたのだから死んで当然だ」とか「白象は世間知らずの馬鹿な人物だ」といった浅い見方で学級が一致して終わってしまう場合がありうる。それでは、こういった授業がかえって作品の豊かさを奪うことになる。吟味・評価・批評の授業では、課題の切れ味と同時に常に作品の一語一文にこだわった豊かな読み取りが是非必要となる。

(19)PISAのような検査問題と、国語の授業の吟味・評価・批評の授業の在り方とを、同一に考えることは危険である。場合によっては似たような形になることがあるにしても、基本的にはそれを区別していく必要がある。

(20)『国語2』二〇〇六年、光村図書、一七五頁

(21)阿部昇「物語・小説を吟味する力」『国語授業の改革4』二〇〇四年、学文社、六一～六二頁、一部表現を変えてある。

2　ＰＩＳＡ型「読解力」と国語科教育の課題
――〈比べ読み〉による批評の可能性

鶴田清司（都留文科大学）

1　ＰＩＳＡで明らかになったこと

(1)　ＰＩＳＡ二〇〇三年調査の結果（確認）

周知の通り、二〇〇三年に実施されたＯＥＣＤ生徒の学習到達度調査（ＰＩＳＡ）の結果、日本の高校一年生の「読解力」が大幅に低下し、「ＰＩＳＡショック」と呼ばれるほどの大きな波紋を呼んだ。実際、平均点の順位は、前回の二〇〇〇年調査の８位（五二二点）から14位（四九八点）になった。統計学的に言うと、上位集団からＯＥＣＤ平均と同程度への低落である。しかも、諸外国に比べて日本の平均点が24ポイントと一番大きく下がっている。

ここで、ＰＩＳＡの「読解力」について改めて確認しておきたい。それは、「自らの目標を達成し、自らの知識と可能性を発達させ、効果的に社会に参加するために、書かれたテキストを理解し、利用し、熟考する能力」とされており、従来の国語科教育における読解力よりも機能的・実用的な性格が強いものになっている。

実際、文章のような「連続型テキスト」だけでなく、図表・グラフ・地図・書式などの「非連続型テキスト」も含んで、次のような「読解のプロセス」に対応した三つの課題が設定されている。

・情報の取り出し（テキストに書かれている情報を正確に取り出すこと）
・解釈（書かれた情報がどのような意味を持つか理解したり推論したりすること）
・熟考・評価（書かれていることを生徒の知識や考

え方や経験と結びつけること）

（国立教育政策研究所編『生きるための知識と技能 ＯＥＣＤ生徒の学習到達度調査（ＰＩＳＡ）二〇〇〇年調査国際結果報告書』および『生きるための知識と技能二 ＯＥＣＤ生徒の学習到達度調査（ＰＩＳＡ）二〇〇三年調査国際結果報告書』ぎょうせい）

調査結果を分析すると、次のような問題が指摘できる。

① ６段階に区分された習熟度レベルで見ると、「最も基本的な知識と技能が身についていない」とされる「レベル１未満」の生徒が、日本は七・四％でＯＥＣＤ平均の六・七％よりも多い。前回調査では二・七％だった。「レベル１」の生徒も七・三％から一一・六％へと増えている。「レベル５」はほとんど変わりがない。このことから、下位層の生徒が増えたことによる学力格差の拡大が認められる。

② 正答率がＯＥＣＤ平均を５ポイント以上も下回った問題は全28問中６問（前回は３問）あるが、そのうち５問は「解釈」の力をみる問題だった（逆に５ポイント以上上回った問題11問中「解釈」の問題は５問だった）。また、前回調査より５ポイント以上下回った問題は10問あるが、そのうち「解釈」の問題は６問（あとは「情報の取り出し」３問、「熟考・評価」が１問）を占めた（逆に５ポイント以上上回った問題３問中「解釈」は１問だった）。このことから、「解釈」の力が低下していると考えられる。

③ 無答率がＯＥＣＤ平均を５ポイント以上上回った問題は８問あり、そのうち６問は自由記述の形式だった。また自由記述問題全体の無答率は二三・七％でＯＥＣＤ平均より８ポイント高い。このことから、自由記述式の問題に無答率（白紙）が多いことがわかる。

④ テキストの「熟考・評価」については、無答率が三〇％を超える問題（いずれも自由記述）が３問あり、ＯＥＣＤ平均をはるかに上回っている。また、③であげた６問のうち「熟考・評価」が４問を占めた。このことから、テキストを読んで考えたことを自分の知識や経験と結びつけて表現する力が弱い生徒が多いことがわかる。

(2) ＰＩＳＡ二〇〇六年調査の意味するもの

昨年十二月四日、ＰＩＳＡ二〇〇六年調査の結果が発表された。「読解力」については前回並みで、日本の平均点は四九八点、順位は15位だった。二〇〇三年調査と比べて、それほど大きな変化はない。依然として日本の高校生の「読解力」は不振で、近年の国語科教育等の問題が露呈したと考えられる。また、前回の結果が一部で指摘されていたような標本抽出等の問題に起因する一時的・偶発的なものではないことも明らかになった。

(3) PISAの意義と弱点

なぜPISA型読解力がこれほど注目されているのだろうか。教育関係者の中に、「単なる一つの学力調査の結果に過ぎないのだから気にする必要はない」と楽観的に考える人が少ないのはなぜだろうか。

それは、PISAが国際社会におけるグローバル・スタンダードとしてのリテラシー（数学的リテラシー、科学的リテラシーなどと合わせて「生きるための知識と技能」と呼ばれている）を求めているからである。

佐藤学氏は、そのことの意義は認めた上で、「『PISA型学力』はあらゆる国の学校教育に妥当なグローバル・スタンダードとして認識すべきではないし、『21世紀型学力』として普遍化しうるものではない」と述べている（日本教育方法学会編『教育方法36リテラシーと授業改善』二〇〇七年、図書文化、一八頁）。それは生涯学習のシステムが完備した北欧型の福祉国家と親和性が高いという。

もとより「PISA型学力」は、エリート養成のための知識や技能の習得をめざすものではない。OECDの研究プロジェクト「コンピテンシーの定義と選択 その理論的・概念的基礎」（略称 DeSeCo）が抽出した「キー・コンピテンシー」につながるものである。それは、個人の人生における成功と社会の発展に貢献するために、「すべての個人」にとって「幅広い文脈」で役に立つ能力とされている。具体的には、①社会的に異質な集団で交流する力、②自律的に活動する力、③道具を相互作用的に用いる力となっている。（D・S・ライチェン&L・H・サルガニク編著／立田慶裕監訳『キー・コンピテンシー～国際標準の学力をめざして～』二〇〇六年、明石書店、八八～九〇頁）。

急速にグローバル化・情報化が進んでいる現在、こうした「キー・コンピテンシー」は、ヨーロッパであれアジアであれ、先進国であれ発展途上国であれ、普遍的に求められている能力と言えるだろう。当然のことながら、日本の社会でも同じように重要な意味を持っている。つまり、大学入試センター試験の「国語」問題で満点をとるような受験型学力よりも、さまざまな情報を読み解いて自分の考えをしっかりと持ち、それを言葉を通して適切に表現・伝達して、他者とコミュニケーションができるような幅の広いリテラシーが求められている。ＰＩＳＡ型読解力はそうしたニーズに合っている。

ただしＰＩＳＡには弱点もある。村山航氏は、次のように述べている。

> それは、複合的な能力をそのまままとらえようとしているため、その点数が低かったときに、どこに原因があるのかが確実にはわからないことである。（中略）したがって、ＰＩＳＡの得点が低下した原因として、可能性として挙げられることは多いが、確実に言えることは非常に少なくなる。（東京大学大学院教育学研究科基礎学力研究開発センター編『日本の教育と基礎学力』二〇〇六年、明石書店、八六頁）

確かに、ＰＩＳＡにおける「読解力」低下の原因を特定することは困難である。が、あえて言うと、私はその主な原因が近年の国語科授業の質的劣化にあると見ている。表面的な「伝え合う力」の育成や子どもの興味・関心に基づいた活動主義的な授業が広まり、「詳細な読解」を忌避する風潮の中で、文章をきちんと読むことの指導が疎かにされる傾向が見られたからである。

文脈に沿って意味を理解できるという読解力が学力の基礎になるということは言うまでもない。これが不十分だと、教科書の内容も理解できないだろうし、学力テストの問題文さえ理解できないだろう。そして、こうした基礎的な読解力の上に、ＰＩＳＡ型読解力のような発展的かつ機能的な「読解力」が必要になってくるのである。

学習指導要領では、国語科の「内容」が「話すこと・聞くこと」「書くこと」「読むこと」という順序になっているが、最も重視しなくてはならないのは「読むこと」である。これを疎かにして「書くこと」や「話すこと・聞くこと」は成立しない。よい書き手になるためには、たくさんの本を読むことが必須条件である。また、よい話し手・聞き手になるためには、単に「口がうまい」というのではなくて、読解力に裏打ちされた幅広い知識・教養が大前提である。さらに、そのときの状況や空気を読むことも含めて、さまざまな読解力が必要になってくる。それが不十分だと、上滑りで浅薄なコミュニケーシヨンしかできなくなる。

このように考えると、「読むこと」は最も時間をかけて指導しなくてはならない領域であることがわかる。

2　テキストの「熟考・評価」を促す授業

先に述べたように、ＰＩＳＡ型読解力ではテキストの「熟考・評価」が重要な位置を占めている。これは、書いてあることをそのまま理解するという受動的な読み方ではなく、自分でその意味や価値について考える、吟味するという主体的な読み方である。言い換えると、テキストの「批評」と言ってもよい。ＰＩＳＡではこれが不十分な生徒が多かったわけである。小学校段階からこうした学習活動を仕組んでいくことが必要である。

以下では、最近、私が小学校で試みた「批評読み」の授業を二つ紹介したい。それは、いきなり作品を批評させるというのではなく、そのための手だてとして〈比べ読み〉の手法を用いて、子どもたちが主体的にテキストを「熟考・評価」するという授業である。

⑴　「スイミー」（レオ＝レオニ）の授業（小学校２年）

国語教育界では従来、本格的な「批評読み」は小学校高学年以降の学習課題になることが多かった。しかし、最近の認知科学では、メタ的な思考・認知は中学年頃から発達し始めると言われている。そこで、それをどこまで下げることができるか検証したいと考えた。〈比較〉という基本的な思考方法を活用して、「スイミー」の二つのテキストの違いを明らかにすること、そして、それを通してテキストを批評することをめざしたのである。

【授業目標】

①同一作品の二つのテキストを比較（対比）することによって、その構成や表現の違いに気づくことができる。

②二つのテキストの特徴をふまえて、自分ならどちらがよいかについて考えることができる（初歩的な批評）。

【本時の授業記録】

◇「スイミー」を音読する

教師　今日勉強するのはこれです。（Ａ社とＢ社の「スイミー」の教科書本文を配布する。）

子ども　これ、もうやったよ。

子ども　ぼくたちがやったのはＡの方。

教師　Aをもう一回読んでみましょう。（一斉音読）

◇二つのテキストを比較する

教師　AとBは少し違っている所があります。これから、この二つの「スイミー」を比べて、どこが違っているか見つけて下さい。物語の前半「いそぎんちゃく」の所までです。たくさん見つけて下さい。違っている所があったらマーカーで線を引いて下さい。

教師　では、発表してもらいます。

子ども　Aは「広い」がひらがなになっている。

子ども　「まっくろ」の下が、点と丸になっている。

子ども　Aは「くらしてた」。Bは「くらしていた」。

子ども　Bは「でも」と「ところが」がない。

教師　「ところが」があるのとないのではどう違う？

子ども　「ところが」があると何か起こるような感じ。

教師　そうですね。他に違っているところは？

子ども　「こわかった、さびしかった、とてもかなしかった。」が、Bは「こわかった。さびしかった。とてもかなしかった。」になっている。

子ども　「おなかすかせて」と「おなかをすかせて」。

子ども　「けれど」の下にBは点がついている。

子ども　「わすれてる」と「わすれている」。

子ども　「生えてる」と「生えている」。

子ども　Aは漢字に読みがながついているので、読みやすい。Bはもう習っているという感じになっている。

子ども　「ひっぱられてる」と「ひっぱられている」。

子ども　Aは「レオ＝レオニ作」となっているけど、Bは「レオ＝レオニ作・絵」となっている。

教師　後半は次のようになっています（模造紙で提示）。

・「その時、岩かげに、スイミーは見つけた。スイミーのとそっくりの、小さな魚のきょうだいたち」⇕「そのとき、岩かげにスイミーは見つけた、スイミーのとそっくりの、小さな魚のきょうだいたちを」

・「スイミーは言った」が付け加えてある。（B）

・「だめだよ。」小さな赤い魚たちは答えた。「大きな魚に、食べられてしまうよ。」⇕小さな赤い魚たちは答えた。「だめだよ。大きな魚に食べられてしまうよ。」

・「じっとしてる」⇕「じっとしている」

・「そうだ！」「みんないっしょに…」⇕「そうだ。みんないっしょに…」

「ふりして！」⇔「ふりをして。」

教師　実は絵も違うんだけど、分かりますか？

子ども　Bは「くらげ」と「うなぎ」の絵がない。

子ども　Aの方が絵が多い。

教師　ところで、Aの「～してる」とBの「～している」という言い方はどんな違いがありますか？（傍線部）

子ども　「している」はていねいな言い方。

子ども　「してる」は子どもっぽい。友達と話すときの言い方。

教師　そうです。「○○ちゃんが遊んでる」とか言いますね。同じような言い方として、Aは「～を」がない所もあります（波線部）。これもふだん友達同士で話すときのような言い方だね。「お母さんがご飯食べてる」というようにね。

◇テキストを批評する

教師　最後に、あなたはどちらの「スイミー」の方が好きですか。理由も付けて発表して下さい。

子ども　Bがいい。（理由はうまく言えない。）

子ども　Aの方がいいと思います。わけは絵が多くて、絵本みたいで、見やすいからです。

子ども　私はBの方がいいと思います。なぜかというと、大人の正しい言葉づかいの勉強になるからです。

子ども　Aの方が絵が多くて分かりやすい。

子ども　AもBも両方いいと思います。Aは絵が多い。Bは漢字がたくさん使ってあるから。

子ども　Bの方がいい。理由は、文が短くて大人っぽい言い方だから。

【授業の考察】

一時間の飛び入り授業ということもあって、〈比べ読み〉は既習教材の「スイミー」で行った。どの子どもも二つのテキストの違いを一生懸命に探していた。その文体的効果についても、ある程度理解できたようだ。批評という面でも低学年としては十分なレベルに達している。〈比べ読み〉はテキストの「熟考・評価」を促すための手だてとして有効であることが改めて確認できた。

⑵「土」（三好達治）の授業（小学校6年）

次に、〈比べ読み〉の活用という点では同じであるが、異なった手だてによって作品の批評をめざした小学校6年生の授業を紹介する。

【教材】

ワークシート

A

三好達治

蟻《あり》が
蝶《ちょう》の羽をひいて行く
ああ

B　のようだ

学習1　自分が予想したことば（B）を書きましょう。
◇その理由も書きましょう。
◇正解
◇自分が予想したことばと比べて、思ったことや感じたことを書きましょう。

学習2　自分が予想した題名（A）を書きましょう。
◇その理由も書きましょう。
◇正解
◇自分が予想した題名と比べて、思ったことや考えたことを書きましょう。

【授業目標】

①詩の題名と詩句の一部を空欄にして提示することを通して、学習者自身の既有知識や生活経験を想起しながら、自分なりの考え（予想）を持つことができる。

②自分の考え（予想）と比べることを通して、原詩の表現世界の面白さや新しさに気づくとともに、それを文章で表現することができる。（筆者は、地面の上の出来事を最終行で海のイメージに反転して捉えた点に面白さや新しさがあると考えている。）

【子どもの学習記録】

授業はワークシートの学習1、2の順で進んでいった。以下、三人の子どもの考え（自分の予想した言葉や題名と比べて思ったこと）を紹介する（名前はイニシャル）。

【M・M】

B（喩辞）……ひっこし

三好達治さんは、このありが水たまりをとおったときにヨットだと思ったんだと思う。私は、「ああ」がなるほどの意味かと思ったけれど、三好達治さんは「ああ」がちがった意味がこめられていると思った。

A（題名）……ぼうけん
私が思っていた場面をまとめた題名とは思えなかった。「土」ときいて、この文章の中身は全く想像できないのになと思った。最後に題名をきくと、びっくりした。

【M・S】

B（喩辞）……人力車
自分と大分はずれていたのでちょっとがっかりきました。（中略）僕はヨットなんて思いもしなかったので、よく思いついたなあと思いました。

A（題名）……地面という大海原へ
漢字一字で直球ストレートど真ん中で、ちょっとこれはまねできないと感じました。また、この土だけの漢字一字には色んな意味がふくまれているだろうなと思いました。

【K・K】

B（喩辞）……お城作り
僕は、ありたちの動作を例えて考えたので「お城作り」と答えたけれども、三好達治さんは動作の一コマを抜き出し、その情景を例えているので「そういう見方もあるのか」と感心しました。

A（題名）……土に浮かぶ
少し似ているけれども、僕よりも簡略化されている。漢字一文字なのでインパクトがあると思いました。また、文中でヨットという言葉が出て来て、どこかしら海を感じさせるのに、その反対の題名になっている差もとても面白いです。

【授業の考察】

学習2については、M・Mのように、なぜ題名が「土」なのかという疑問や驚きで終わっているものが多いと予想していた。以前、別の学校で授業したとき、多くの子どもがそのように書いていたからである。詩の題名の面白さまでは分からず、本作品の価値を十分に認識・批評するところまで行かなかったのである。（なおM・Mのように、水たまりに映った影がヨットに見えたという即物的な理解にとどまっている子どももいた。）

しかし今回は、K・Kのように、批評の段階に到達している子どもが何人かいたことは特記すべきである。授業の実施時期が卒業間近い二月という事情があるのかもしれない。いずれにせよ、自分の予想と比べるという形の〈比べ読み〉の可能性が改めて確認できた。

3　ＰＩＳＡ型読解力を超えるための授業の視点

いま国語教育界では、ＰＩＳＡ型読解力の育成が大きな課題となっている。もちろん、それは重要であるが、ともすると「読解力」という言葉が一人歩きしていく危険がある。もっと言えば、ＰＩＳＡのペーパーテストで正解を得るという功利主義的な教育目標観に支配されていくことになりかねない。そうではなくて、巨視的な視点から、国際化の中の国語力を考えていく必要がある。

ＰＩＳＡ型読解力で求められているように、さまざまのテキストを読んで、それを利用する、解釈する、熟考する、評価するということは、要するに、そのテキストの書き手（送り手）と対話することである。このテキストは自分の目的や課題にどれだけ利用できるか、このテキストは何を意味しているのか、自分はそれに対してどう考えるかといった問題をめぐって、テキストに問いかけ答えを探っていくことである。

周知のように、こうした対話能力の欠如がさまざまな問題を生んでいる。国際紛争、人権や差別の問題、いじめや殺人などの社会問題の多くはそこに起因する。国際化が進む中で、異世界・異文化の人たちとの対話こそが強く求められているのである。それは単に英語が話せるといった技術的な次元の問題ではない。相手を正しく深く理解し、誠実に受け止めること、そして、それに対する自分の立場をはっきりと表明できることである。そのためには、相手の文化的・社会的背景や基盤だけでなく、自分の文化的・社会的背景や基盤についても理解しておかなくてはならない。そうでないと、根無し草のようになってしまい、真の国際交流は実現できないだろう。

こうした対話能力を育てるためには、テキスト概念を拡大する必要がある。ＰＩＳＡでは、テキストは「書かれたもの」に限定されているが、実際の生活の中では、ありとあらゆるものがテキストとなる。音楽でも風景でも人間でも、何らかのメッセージ性を持っているものはすべてテキストである。それを読みとり、その世界と対話することが人生を豊かなものにしてくれるのである。

【説明的文章の新しい授業づくり】

3　小学校―説明的文章「吟味」「評価」し「書くこと」につなげる授業

――「動物の体」（増井光子）を使った授業構想と授業記録

臺野芳孝（千葉県千葉市立海浜打瀬小学校）

1　小学校での「吟味」について

小学校高学年の子どもであれば、説明的文章を吟味的・評価的に読むことは可能である。むしろそのような視点を持って授業をすることは、子どもの「読んでみよう」という意欲を高めていく。

高学年の子どもたちにしてみれば、書かれていることは大まかにわかるし、筆者の言いたいことの中心がどこにあるかぐらいはだいたいわかる。しかし、説明的文章の論理の展開や例示の妥当性などを検討していくと「あれっ」と思うことがあったり、使われている言葉の意味が別の意味にすりかわっていたりして驚くことがある。

わたしはよく吟味よみの授業で次のような例文を出し、大人は子どもの言うことをちゃんと吟味していることを知らせている。

> お母さんは吟味上手
>
> 「お母さん、（おもちゃ）買ってよ。みんな持ってるくだけ持ってないんだよ。」
> 「みんなって、だれよ。言ってごらん。」
> 「ケンちゃんとタケシ君……。」
> 「二人だけじゃないの。我慢しなさい。」
> 「ぼく」の言った「みんな」が曖昧だったので、お母さんに突っ込まれてしまったのです。

この例を挙げることで子どもたちは「うちでもそう言われる」「言われたことがある」と口々に言う。吟味を身近に感じさせることがねらいである。

2 「動物の体」の教材分析

本時は小学校5年生の教材として設定されているものを6年生で吟味する。

「動物の体」（東京書籍『新編新しい国語5』二〇〇五年版）は「はじめ・なか・おわり」（以降『前文・本文・後文』とする）がはっきりしていて、文章の構造が捉えやすい。また、動物の話は子どもたちの興味があり、各自がもっている動物の知識も生かせる。

説明的文章の構造をとらえるために、「前文・本文・後文」に分け、さらに本文を話題や説明の内容から、本文Ⅰ、本文Ⅱ……と分けていく。すると、「前文・本文Ⅰ〜Ⅳ・後文」の六つのまとまりに分けることができる。六つのまとまりの中からそれぞれのまとまりの柱立てになる段落を選ぶ。これが柱の段落である。柱の段落の文の中からさらに柱立てになる文を選ぶ。これが柱の文である。

柱の段落・柱の文を全て挙げると次のようになる。

前文（[1]）

[1]②そのような所にも、いろいろな動物たちが、それぞれの環境に適応しながら生きている。

本文Ⅰ（[2]〜[6]）

[2]①動物の体の形と気候との間には、おもしろい関係がある。

本文Ⅱ（[7]〜[9]）

[7]①また、寒い地方にすむ動物は、同じ種類の中では、あたたかい地方にすむものに比べて体格が大きいといわれている。

本文Ⅲ（[10]〜[13]）

[10]①寒冷地にすむ動物は、防寒用のすぐれた毛皮を身に着けている。

本文Ⅳ（[12]〜[21]）

[12]②体の中の仕組みも、それがすんでいる環境に適応している。

後文（[22]）

[22]②それは、自然が長い年月をかけて作りあげてきた、最高のけっさくであるといえるだろう。

※ 授業でも柱の段落は□、柱の文は◎で示す。

柱の文をつなげて読むことで、「動物の体」全体の意味の流れが見えてくる。さらにこれらの文をもとに容易に要約文を作ることもできる。

3　本文Ⅰの教材分析

本稿では本文Ⅰの吟味よみの授業を取り上げる。そこで本文Ⅰについてもう少し詳しく分析をしていく。本文Ⅰは前文の問題提示「そのような所（砂漠や氷に閉ざされる所）にも、いろいろな動物たちが、それぞれの環境に適応しながら生きている。」を受け、次のようになっている。


2動物の体の形と気候との間には、おもしろい関係がある。いっぱんに、寒い地方にすんでいるもののほうが、あたたかい地方にすんでいるものに比べて、体がまるっこく、耳とか手足とかの体の出っ張り部分が少ないというけい向がみとめられることである。

3寒い所で体温を一定に保っていくためには、体内で生産した熱をできるだけ失わないようにしなければならない。同じ体積の体であっても、体の出っ張り部分が少なく、体形が球に近いほど体の表面積は小さくなる。


体の表面積が小さいということは、外気と接する面積が小さいということであり、それだけ外気にうばわれる熱が少なくなる。体がまるっこいのは、寒い地方で生きていくのに、たいへん都合がよいことなのである。

4実際に、寒い地方にすむホッキョクギツネは、まるくて小さい耳をしている。耳とか手足などの部分は、血管が体の表面近くにあるので、そこから熱がうばわれやすい。だから、耳が小さいことは、熱がうばわれて体温が下がるのを防ぐのに役立っている。

5逆に、暑い砂ばくにすむ小さなイヌ科動物のフェネックは大きな耳を持っており、そこから体温を放散させて、体温が上がりすぎないようにするのに役立っている。

6動物園関係者の間で、ゾウはかなり寒い所でも飼えるが、キリンはむずかしいということがいわれる。それは経験から出た言葉であるが、先に述べたことと無関係ではない。ゾウの体つきは、どちらかといえば球形に近いし、キリンは足や首が長く、どう見ても寒地向きの体形ではない。


（段落番号□と□は、臺野による。）

筆者は、寒い地方の動物は、出っ張りがなく丸っこい体形をしているということを[2]段落の②文で主張する。次に[3]～[5]段落でそれぞれの地方にすむ動物の例を挙げて根拠や理由を説明している。

ところが[6]段落では、ゾウを寒い地方でも飼える動物の例として挙げている。このゾウは、実際には暑い地方の動物である。この体型は寒い地方に適応するためのものではない。また、大きな耳や長い鼻は、ゾウの特徴的な出っ張りである。つまり、丸っこい体はしているが、出っ張りがあり、寒い地方にすんでいる動物とは正反対の特徴をもっている。その象をあえて例に挙げて説明していることに無理がある。

> ゾウは耳が大きく鼻が長く出っ張りが特徴的。
> ゾウは寒い地方にはいない。
> 寒い地方に合わせて自然が作った体形とはいえない。

これら矛盾した要素を含むゾウを[2]段落の記述の例として示すことは適切とは言い難い。

筆者の増井光子氏が動物園の園長という職を通じて動物のすばらしさを子どもに伝えようという説明的文章であるが、その職ゆえに、自然の動物で説明すべき所を、飼育されている動物で解説しようとしたため矛盾が生じたと推理できる。この矛盾に子どもたちが気づくことができるように指導していきたい。

本文Ⅱ～Ⅳについてもおかしな所があるが本稿では割愛する。ぜひ、ご自身で検討をしていただきたい。[1]

4 「動物の体」の授業構想（全9時間）

第一次　表層のよみ　　1時間
　段落番号・感想・音読・語句指導

第二次　深層のよみ――構造よみ2時間
　前文・後文を分ける。
　本文をⅠ～Ⅳに分ける。

第三次　深層のよみ――論理よみ2時間
　前文・本文Ⅰ～Ⅳ・後文の論理・事実や主張をよみとる。

第四次　深層のよみ――吟味よみ4時間
　吟味すべき箇所の見当をつける。
　例示が適切か考える。（本文Ⅰの吟味）

矛盾がないかを検討する。（本文Ⅳ）

批評文を書く。

5　吟味よみの観点を与え個人→班と検討させる

吟味よみは6年であってもそれなりの難しさがある。そこで、吟味すべき段落を提示し、個人で考える時間、班で話し合い練る時間を丁寧に確保したい。本時を行うにあたっても、全体で検討する前の学習時間を十分に確保した。

吟味よみでは、次のような観点を少しずつ子どもに与えていく。

> ①説明不足はないか
> ②わかりにくいところはないか
> ③曖昧なところはないか
> ④言葉のすり替えや飛躍がないか
> ⑤結論が十分に例示・実験・論理に支えられているか
> ⑥結論以外の可能性はないか
> ⑦事実と主張にずれ・矛盾はないか

①②③などは、自分がわからないところ、はっきり説明できないところを探せばよいので見つけやすい。④のすり替えについても、見つけやすい。「寒い地方」「寒い所」「寒地」など、言葉が変化しているのを見つける段階である。

⑤の例示や論理の妥当性、⑥⑦の結論以外の可能性・矛盾などはよく考えてみないとわからないことが多い。必要に応じてヒントを出す。ヒントは、「この段落の中でわかりにくいところはない？」「この文はどうかな」等、読むべき場所を指定する場合や、「ゾウは（　）のに寒いところに適している」など、穴埋めの文を示す場合などがある。

子どもによっては、初読の感想段階でわかってしまうことがある。そのような場合は、すぐに発言させずに友だちに上手にヒントを出させるようにしながら、クラス全体で考えられるように指導していく。

6　授業記録と授業者自身によるコメント

二〇〇七年一二月七日（金）の五時間目に6年生のクラス（女子一六名、男子一五名、計三一名、八班編制）で行った授業の記録である。枠内は、授業についての臺野自身によるコメントである。

教師①　本文Ⅰの中に「あれ？」ってところがないでしょうか？　班でさがしましょう。

（班で約5分話し合う。教師は机間指導。）

教師②　はい、もうだいたい見つかった班。まだ、ちょっと自信ない？　では、一個だけヒントを出しましょう。それはね、本文Ⅰで…。

（板書）「例の出し方がおかしい。」

子ども　やっぱりそうだったんだ。

子ども　合ってるんじゃない？

教師③　よし、じゃあ、発表してもらいます。はい、では、見つけたところ。（挙手をうながす。）発表。

（挙手がない。）

教師④　1班は自信があるんだよね。今からゆっくりと、みんなが気が付くぐらいに発表してください。

1班・男子　おかしいのは、三七ページの、6段落の、

子ども　（口々に）あってたー！

教師⑤　6段落の。6段落どうですか？

子ども　「ゾウはかなり寒い所でも飼える」じゃない？

1班・男子　続けていいんですか？

教師⑥　（1班に向けて。）6段落の何がおかしい？

1班・男子　「ゾウ」。

1班は、前時の個人の検討の時点で「ゾウがおかしい」ということを指摘していた。授業を進めるに当たり、1班のよみを評価し、発言を控えてもらいながら、クラス全体が考える時間を確保することを伝えてあった。1班はヒントを小出しにするよう発言を準備した。

教師⑦　「ゾウ」がおかしいって。

子ども　ゾウ！

子ども　「ゾウ」、合ってんじゃん！

教師⑧　はい、じゃあ「ゾウ」がおかしいと思ったところ。（挙手をうながす。）

（多くの子どもが挙手。教師は挙手した班の数を数える。）

教師⑨　1、2、3、4、5……おぉ、きましたね。じゃあ、「ゾウ」の何がおかしいかを、もうすっきり言えるところ。はい。「ゾウ」がおかしい。

（板書）「ゾウ」

教師⑩　なぜ？「ゾウ」がおかしい。これ、本文Ⅰをよーく読んでなきゃだめだよ。6段落だけ読んでたらだめですね。

（教師、学級全体を見渡す。）

教師⑪　じゃあ、２班の人に言ってもらっちゃおうかな。はい。１班は聞いててね。

２班・女子　耳がでかいのに……

教師⑫　耳がでかいのに。

（板書）「耳が大きい」

（２班、発言が続かず。）

教師⑬　では、とどめをさしてもらいましょうか。はい、３班。「耳が大きいのに……」（発言をうながす。）

３班・女子　耳が大きいのに、「寒い所でも飼える」って書いてある。

教師⑭　「寒い所で飼える」という風に書いてある。

（板書）『（耳が大きい）のに寒い所で飼える』

教師⑮　これ、どうしておかしいんですか？　はい、じゃあ、６班。どうしておかしいんですか？

> 発言がつながっていくように、学習の主体者としての意識を持たせるために、他の班に発言の続きを振った。班の発言は学習リーダーが行うことが多くなるが、班内での話し合いにメンバーが参加しているので、子どもたちに黙っている暇はない。

６班・女子　えっと、２段落目に「寒い地方にすんでいるもの」は、「体がまるっこく、耳とか手足とかの体の出っ張り部分が少ない」って書いてあるのに、６段落には「ゾウはかなり寒い所でも飼える」って書いてあるので、ゾウは耳も大きく、出っ張り部分も多いのに、寒い所でも飼えるっていうのは、おかしい。

教師⑯　ゾウ、もう一箇所、出っ張ってるよね。

子ども　鼻！

教師⑰　鼻ね。あんなに出っ張っていて、寒い所に向いているというのは、おかしい。

子ども　はい。

子ども　賛成。

> ゾウを寒いところに適応できる動物の例として挙げている。「まるっこい体」には合致しているが、「出っ張りが少ない」ということには明らかに矛盾している。このことに何となく違和感をもっているだけではなく、言語化しておかしいと言えるようにさせたかった。

教師⑱　はい。本文Ｉの吟味、実はまだあるんです。

（板書）（「例の出し方がおかしい」を線で囲む。）

教師⑲　気が付きました？　じゃあヒントを出します。ヒントは、四二ページ。22段落を一回読んでから、考えてもらいます。みんなで読むよ。さん、はい。

子どもたち　「環境に適応しながら生活を営んでいるのは、これまでに挙げたような動物に限らない。動物たちの体は、それぞれに、すんでいる場所の気候や風土に合うようにできているのである。それは、自然が長い年月をかけて作りあげてきた、最高のけっさくであるといえるだろう。」

教師⑳　はい、とすると、ここ、もう一つ例の出し方がおかしい…のですよね。さぁ、分かるかな？

子ども　え、分かんない。

「自分は分からない」ということを伝えられるのは、授業を進める上でも重要である。普段から言えるような学級作りを目指したい。

教師㉑　分かんない。じゃあ、もう一つヒントを出そうかな。ヒント、えぇー、

（板書）「ゾウとキリンは」

教師㉒　はい、じゃあ、まだちょっと分かってないみたいですから、ヒントをもうちょっとつめます。22段落の、大事なのは柱の文。柱の文です。柱！

子ども　柱？

子ども　「それは、自然が長い年月をかけて…」

教師㉓　そうそう、「それは、自然が長い年月をかけて…」

子ども　やっぱり「最高けっさく」のところだよ。

子ども　「最高けっさく」が示しているものは…。

教師㉔　ここです。で、「ゾウ」と「キリン」を…ね。

教師㉕　もうひとつヒント。

（板書）「あたたかい国に住んでいるのに」

教師㉖　はい、「ゾウとキリンはあたたかい国に住んでいるのに…？」ここでは？

教師㉗　はい。では、いきましょう。「ゾウ」ね、「ゾウ」と「キリン」。はい、じゃあ、見つけたところは。（7・8班の方を向いて）なんか言いたいことありますか？（3班を向いて）じゃあ、ここらへんから聞こうかな。はい、じゃあ3班。

3班・女子　22段落。

3班・女子　「ゾウ」はあたたかい所に住んでいるけど、6段落だと「かなり寒い所でも飼える」って。

教師㉘　うん。書いてあって、そこが、どうおかしい？

3班・女子　あたたかい所に住んでいる「ゾウ」に、なぜ「寒い所でも飼える」って書いてあるのか。

教師㉙　うん。あたたかい所に住んでいるゾウが、なぜ「寒い所で飼える」のかね。「寒い所で飼える」ってわざわざ書いてあるからね。これが、おかしい。

子ども　え？

教師㉚　言ってること、分かる？ちょっと分かんない？　付け足して言える？

7班・女子　付け足して…。

教師㉛　（1・2班を向いて）こっちも、付け足せる？

7班・女子　ゾウは寒い所に適しているって書いているなら、適している所に住むはずなのに、住んでいない。

教師㉜　住んでいない。もう一回。6段落で、いい？　「ゾウはかなり寒い所でも飼える」って書いてあるよね。ゾウは寒い所に…？

子ども　いない！

教師㉝　いないのね。つまり？　あたたかい所にいるんだね。まだね、もうちょいなんだなぁ

4班・男子　えっと、ここの班（3班）と同じで、これが、だから同じなんだけど。えっと、その「すんでいる場所の気候や風土に合うようにできている」っていうのに、「ゾウ」が「寒い所でも」生きられるっていうのが、ちょっと変？　変に感じて、だから、まぁ同じで、違うって言われると…。

8班・男子　「動物園関係者」っていうのは、あ、「動物園」は人工的に作ってあるけれど、「自然」っていうのは人工的に作ったわけではなく…。動物たちが…。

教師㉞　言ってること、分かる？　いい？　「自然」の中で体を変えてきたんだよーっていう説明をしているんだよね？　ところが、「動物園」の「ゾウ」「キリン」

って、どうなのよ?·つまり、「ゾウ」を連れくるんだから、「ゾウ」が住みやすいようにしてくれているんだよね。そういうところの、生き物の「ゾウ」をここに例に挙げた。これはどうですか?

子ども おかしい。

教師㉟ 最後まとめますね。いいですか。寒い所にすむ動物は、体が球に近い、まんまるに近いほど、表面積が小さくなっていいんだよね。はい、どんな動物がいる?

子ども ……。

教師㊱ どう? 例が、ないかもしれないね。みんなが知ってそうな動物のね。

子ども だから…。

教師㊲ だから、この増井光子さんは、「ゾウ」で説明をしたんだろうね。これでまとめます。

(板書)「自分の言いたいことのために(　　　)のいい例を使ってしまった。」

教師㊳ はい、分かるかな。(子どもを指名する。)

子ども 都合。

(板書)「都合」

教師㊴ 都合のいい例ね。はい、ここは大事なのでノートに書いてください。授業を終わります。

7 批判的なよみの授業の留意点

吟味よみの授業をした後、筆者に対する批判的な態度をもってしまう子どもがいる。しかし、文章に対する批判と筆者に対する批判は分けるように指導することが大切である。増井光子氏が「ゾウ」を例示に使ったことで矛盾ができてしまったが、氏は長年動物園に関係してきた。飼育動物の話題を文章に織り込んだことは至極当然なことであろう。また、子どもにわかりやすく、身近に感じられるような文章にするための策であったことも想像できる。吟味よみをすることで書き手の態度についても読めてくる。

注

(1) 阿部昇『文章吟味力を鍛える—教科書・メディア・総合の吟味』二〇〇三年、明治図書に詳しい吟味が示されている。

【説明的文章の新しい授業づくり】

4　中学校―説明的文章「吟味」「評価」し「書くこと」につなげる授業

――「シンデレラの時計」（角山　栄）を使った授業構想と授業記録

鈴野高志（茨城県・茗溪学園中学校高等学校）

1　説明的文章の「吟味」「評価」そして「書くこと」

この実践は、中学2年生で説明的文章を吟味、評価し、さらにそれを「書くこと」にまで発展させることを試みたものである。

まずは教材文における筆者の論理の流れを洗い出し、その上でその流れの中に見られる不十分さを指摘するための吟味を行い、一方で題材の選び方や書き出しの工夫など、読者の視点に立ち返った肯定的な評価も取り入れた。さらには、指摘された不十分さを補うためには、どのように書けばよかったか、ということを検討させ、実際にリライト（書き直し）の案を作らせることに至った。

吟味の方法としては、阿部昇[1]（一九九六）が提案した「仮定・保留・相対を、否定・消去・絶対と混同したりすりかえたりしていないか」という観点を用いた。

教材は、「シンデレラの時計」（角山栄）（光村図書『国語2』一九九五年度版）を使用した。この教材は、前半の文章で有名な童話の主人公・シンデレラが時報を告げる音を聞いたその時計がどのような種類の時計であったのかということを、ヨーロッパにおける機械時計の歴史を紐解きながら推理し、後半では「シンデレラ」の物語に見られる、時間を守ることを特に重視した時代や社会がどのようなものだったのか、ということを考察したものである。

前半の、時計の種類を確定するまでに至る推理は、ドキュメンタリータッチで書かれ、読んでいる側もワクワクするのであるが、その過程には許容できない飛躍が含まれている。そういう点で、中学2年生ぐらいの子どもたちに文章の評価や吟味を行わせるものとしては、有効な教材と言えるだろう。

2 「シンデレラの時計」をどう分析したか

「シンデレラの時計」は物語に登場する「仙女」の言葉の引用から始まる。(以下、引用箇所における段落番号・文番号は鈴野による。)

1 「真夜中の十二時を少しでも過ぎてはいけない。もし十二時より少しでも長く舞踏会に残ったりすると、馬車は元のかぼちゃに、馬ははつかねずみに、従者はとかげに、着ているものも元の古い服に戻ってしまうよ。」

これを受けて次の第2段落では「シンデレラ」前半部のストーリーを紹介し、第3段落で「ところが、よく考えてみると、この話には気になる点が幾つかある。」と、筆者の問題意識が示唆される。

そして、第4段落からが「本文1」に相当する部分で、今回の授業では特にこの部分の論理関係の整理と吟味を中心に行った。第4段落は次のように問題提示を含んだ段落である。

4 まず、いったいシンデレラはどうして時を知ったのだろうか。一日目の夜は、時計が十一時四十五分を打つ音で時を知ったというが、腕時計も懐中時計もない昔のこと、そんな半端な時刻に鐘の鳴る時計があったのだろうか。もしあったとすれば、それはどんな時計だったのだろうか。これが第一の素朴な疑問である。

実際の謎解きは次の第5段落から始まる。その5段落ではまずフランスの作家シャルル・ペローが民話から取材して出版した童話である「シンデレラ」の書き出しが「昔、一人の貴族がいて……」となっていることに注目して次のように述べる。

5 (①②文は省略) ③ペローが童話集を編集出版したのは一六九七年のこと、そこで「昔」となっているのだから、話の舞台は少なくとも十七世紀以前のことと考えてよい。④しかも、こと時計に関しては、厳然たる機械時計の歴史がある。⑤だから、シンデレラが聞いた時計の音を、十七世紀以前の機械時計の歴史の中に探ってみることは可能なはずである。

筆者は、この「十七世紀以前の機械時計」ということを大前提として、さらに推理を進める。第6段落では西暦一三〇〇年前後にヨーロッパの修道院で出現した機械時計には祈りの時刻を知らせる必要上、すでに鐘がついていたこと、その後十四世紀以降に機械時計は「公共用時計」として市民の前に登場したことなどの説明がある。

ここまで読むと、問題とされた時計の正体は、その「公共用時計」であったという結論が示されるのかと読者の側は想像する。ところが、次の第7段落では、意外にも次のように展開する。

7 ①とすると、シンデレラが聞いた鐘は、このような公共用時計の鐘だったのだろうか。②確かに大きな鐘の音であれば、舞踏会の宮廷まで聞こえたであろう。③しかし、それが十五分ごとに鳴っていたかどうかよくわからない。④もしそうであれば、話は簡単である。⑤が、もし一時間ごとに時を告げていたのであれば、それを聞いて駆け出していたのであれば間に合わない。

そして第8段落では、「十五分ごとに鐘が鳴っていた時計はほかになかったのだろうか。」（傍点・鈴野）と、「公共用時計」についての調査を中断することが示され、第9段落ではそれとは別の、「室内用置き時計」の存在を明らかにして、シンデレラの城にもそのような置き時計があったであろうことを述べた上で、それが十五分ごとに鐘を鳴らしていたかどうかについての調査を始める。その調査の様子は第10段落で「いろいろの文献にあたってみたが、どうもよくわからない。」「やはり、鐘がどのように鳴っていたかを確認しないかぎり、シンデレラの話のなぞは解けない。」と一旦は困難を極めたかのようなドキュメンタリータッチで描かれるが、次の11段落で状況は大きく好転する。

11 ①そんなことを考えていたある日、一冊の本が手元に届いた。（中略）④それによれば、多くの時計が十五分ごと、および一時間ごとに鳴る仕掛けとある。⑤しかも、それらの製作年代は、すべて十六世紀末から十七世紀初めにかけての時期であることが明記されている。

12 ①これによって、わたしは長い間の疑問が解けたと思った。②十五分ごとに鳴る時計は確かにあった。③それは室内用の置き時計であった。④シンデレラが聞いた時報も、おそらく王宮内の置き時計のものであったにちがいない。

こうして筆者は、シンデレラが時報の鐘を聞いた時計の正体を「王宮内の置き時計」として結論づけるのであるが、この推理過程には見逃せない問題点がある。

それは、第6段落で紹介され、第7段落で「それが十五分ごとに鳴っていたかどうかよくわからない。」という理由からその可能性が俎上に載せられなくなってしまった「公共用時計」についてである。

すなわち、筆者は、ヨーロッパの機械時計の歴史を探る中で、十四世紀中ごろのイタリアで「公共用時計」が出現したことを指摘した（第6段落）が、それが「十五分ごとに鳴っていたかどうかよくわからな」かった。そこで別の種類の時計についての調査を始めるわけだが、だとするとこの時点で「公共用時計」はいわば保留の扱いになったと考えられる。ところが11段落になって筆者の手元に「一冊の本」が届くと、そこに紹介されていた「室内用置き時計」が、置かれた場所、時代、仕掛けなどが設定していた諸条件にたまたま当てはまったため、それを「シンデレラの時計」であると決めてしまったのである。

さて、では保留の扱いになった「公共用時計」のほうはどうなったのだろうか。「室内用置き時計」が条件にあてはまっていたから、その可能性がかなり有力なものであることはわかる。しかし、「シンデレラが聞いた時報」を「王宮内の置時計のものであったにちがいない。」と確定するためには、少なくとも保留にしておいた「公共用時計」の可能性を完全に否定しておかなければならないはずである。ところが、「公共用時計」の可能性は何らかの根拠によって否定されたのではなく、あくまでも「保留」のままなのである。これが意図的なものか否かは別としても、結果的に筆者は「保留」にしていたものを「否定」（または「消去」）にすりかえてしまったと言わざるをえない。

私が今回の授業で取り上げたいと考えたのは、まさにこの点についての吟味である。

3 「シンデレラの時計」の授業構想

次のような単元計画を立てた。

一　表層の読みとり（1～2限）
　1　動機づけ
　2　教師の朗読
　3　難語句の意味調べ（国語辞典使用）
二　構成・構造の読みとり（3～4限）
　1　前文と後文の読みとり（但し後文は「なし」とする。）
　2　本文を分割する読みとり
三　「前提→結論」関係の学習と吟味の練習（5限）
四　本文1について論理の読みとりと吟味（6限）
五　評価と本文1のリライト（7限）

対象とした学年の子どもたちにとって、筆者の推理を含んだ文章を取り上げるのは初めてであったため、右の三の前半で、一般的な推理のパターンである「前提→結論」という関係（前提となる事実を積み重ねて結論を導く過程）を丁寧に教えた。さらに、三の後半ではその「前提→結論」という関係を含んだ次のような例文によって、吟味の練習に取り組んだ。

前提1　容疑者Aが昨日、犯行現場にいたかどうかは不明である。
前提2　容疑者Bが昨日、犯行現場にいたことは間違いない。
結　論　よって、犯人は容疑者Bである。

右の例文「前提1」での「いたかどうか不明」というのは「いなかった」ということとは全く異なる。容疑者Aが犯行現場にいた可能性も残っている以上、容疑者Bを犯人だと確定することはできないのである。

この練習が、「本文1」の吟味に生きてくるのである。いきなり長い文章で吟味しようとすると子どもたちは「そんなのムリ」「えー、できないよ」という反応を示すが、このように事前に短くわかりやすいもので練習を行っておくことが、子どもたちの中に文章を吟味することへの意欲や「自分たちにもできるんだ」という自信を生じさせ、また吟味の方法（ここでは「保留」から「否定」へのすりかえがないか、という視点）を定着させるのである。

次の4では、右の授業構想のうち、「四　本文1について論理の読みとりと吟味」と「五　評価と本文1のリライト」を抜粋の形で示す。

4　授業記録と授業者自身によるコメント

二〇〇八年五月二九日（木）に茗溪学園中学校2年A組（男子二三名、女子二二名、計四五名）で行った授業の記録である。枠内は、授業についての鈴野自身によるコメントである。

教師①　前回の授業では、推理を含んだ説明的文章の論理展開のパターン「前提→結論」っていう関係を勉強したよね。それから、最後に「シンデレラの時計」の本文1に当たる4～12段落の全ての文に文番号を付けた。今日は早速その本文1の中から、「前提→結論」の関係を見つけて、ここでの筆者の推理を整理しよう。では、机を班の形にしてください。

> 個人だけで考えるのは中学2年生にはやや難しいと考え、ここでは三、四人程度の班（グループ）での作業を取り入れた。各班には、本稿末に示したようなワークシート（手書き部分を抜いたもの）を配布し、書き込めるようにした。

教師②　「シンデレラの時計」の本文1をよく読みながら、今各班に配ったプリントを埋めてもらいますが、その前にプリントにもすでに書かれている本文1の最終結論12段落4文を確認します。みんなで読んで確かめよう。12段落4文。さん、はい。

子ども　「シンデレラが聞いた時報も、おそらく王宮内の置き時計のものであったにちがいない。」

教師③　そう。筆者はこの時計だと結論づけたんだね。

ではこの結論を導き出した前提を、文章をさかのぼりながら班で探してプリントに書き込んでいこう。はい始め！

> 教師は机間巡視をしながら、進行状況を確かめる。この作業には二十五分程度を要した。遅れている班には適宜、次のような助言を与えた。
>
> 助言１「5段落で時代をしぼりこんでるね。いつごろの時計だって？」
>
> 助言２「どうして十七世紀以前ってしたの？」
>
> 助言３「6段落で公共用時計でてきたでしょう。でも7段落では『ほかに』って言ってるんだよ。公共用時計を考えなくなったのはどうしてだ？　本文よく読もう！」

教師④　はい、どの班も書き込みが終わって筆者の推理が整理できたようです。確認します！

（あらかじめ黒板にもワークシートと同じ枠を書いておき、このタイミングで子どもたちに問いながら文番号や内容を書き込んでいく。）

教師⑤　これで、筆者の推理の流れがよくわかったね。さあ、ここからが吟味です。この2段落4文の結論を導き出した推理の過程に問題点がないかどうか、班で話し合ってもらいます。できあがったワークシートをよく見てください。では話し合い、始め！

教師⑥　はい、何か気づいた班は発表してください。はい、四班のA

（七、八人ずつの生活班をさらに二つのグループに分けているので一～六の各班にAとBのグループがある）。

子ども　（四班A）7段落の4文で筆者は「公共用時計が十五分ごとに鳴っていたかどうかわからない。」って言っているけど、ということは、十五分ごとに鳴っていたかもしれない。

教師⑦　はい、公共用時計も十五分ごとに鳴っていたかもしれないんだね。それなのに、どうなの？　何がまずいわけ？　はい、三班のＢ。

子ども　（三班Ｂ）結論では室内用時計に決めつけちゃているところ。

教師⑧　決めつけちゃっている。どうして「決めつけちゃっている」って言える？

子ども　（三班Ｂ）「〜ちがいない。」って言っている。

教師⑨　はい、そうです。よく読んでいるぞ。ここ確認だ。「シンデレラが聞いた時報も、おそらく王宮内の置き時計のものであったに……」はい、さん、はい。

子ども　（一斉）ちがいない。

教師⑩　置き時計にちがいないって言っているんだね。公共用時計の可能性、完全に忘れ去られちゃっているよね。もし「置き時計にちがいない」って言い切るんだったら、どうしなきゃいけなかったの？

子ども　公共用時計が十五分ごとに鳴っていなかったことを調べて証明しなきゃいけない。

教師⑪　そうだ。そうして公共用時計の可能性を完全に消した上で、室内用時計が条件に合っていれば、それに「ちがいない。」と言い切ってもまあいいだろうね。じゃ、逆にこの場合のように調べようとしたけどよくわからない。で、一方の室内用時計の方は条件にピッタリ合っていた。そういう場合はどうしたらいい？

子ども　結論の書き方を変える。

教師⑫　そうだ。ほかに書きようがあるよね。少なくとも「ちがいない。」なんて言い切っちゃいけない。どういう表現にしたらいいか、それについては次の時間、君たちそれぞれに考えてもらって実際に書き換えてもらいます。それをこう言います。（教師は黒板に大きく「リライト」と書く。）さん、はい。

子ども　（一斉）リライト。

教師⑬　そうです。「リライト」の「リ」は「リダイヤル」とか「リサイクル」の「リ」と同じで「やり直す」っていう意味。「ライト」は「書く」だよね。だから「書き直し」だ。今までの国語教育はとにかく書いてあることを読み取って理解する、っていうことまでだったんだけど、これからは書いてある通りで本当にいいのかどうか吟味して、さらに場合によっては書き直してみる。そこまでの力をつけることが大事になるって言われているんだ。だから君たちが挑戦することは日本の国語の授業では最先端なんだぞ。がんばろうな！

5　評価とリライト

吟味の次の授業（7限）では、「シンデレラの時計」について、肯定的に評価できる点を、やはり班を使って話し合わせた。それを発表し合い、その評価が的確かどうかの確認を行った。特に評価のさいに重視したのは、読者としての観点である。一読者として「シンデレラの時計」に対したときに、そのタイトルから受ける印象や題材の選び方、書き出し、そして論の展開の仕方などに目をつけ、評価できる点を具体的に出させるようにした。その結果、子どもたちからは次のような評価が発表された（文言は子どもたちのまま）。

・シンデレラのくつやドレスなど、本編で目立っているものを題名にするのでなく、あえてあまり目立っていない時計を入れたことに興味が持てる。（四班Ａ）
・フィクションの話なのにそれを題材にいろいろ追究しようとしている点がおもしろい。（五班Ｂ）
・書き出しが「シンデレラの時計は～」と固い説明でなく、仙女のセリフで始まっているので、読みたくなる。（二班Ａ）
・なぞを解いていく中で「わからない」という言葉も入れたりなど、自分もその中に入って次々となぞを解いていくような感じを与えてくれる。（六班Ｂ）

リライトの前に評価の過程を入れたのは、できるだけ筆者の文体（たとえばドキュメンタリー的な筆致が読者を引きつけている点など。右の四つ目の評価に相当）もどこかで意識させせながらリライトさせてみたいという授業者のねらいからである。最後に子どもたちによる12段落のリライト作品を二つほど紹介しておく。

12 これによって、わたしの長い間の疑問が解けてきた。十五分ごとに鳴る時計は確かにあった。それは室内用の置き時計であった。しかし公共用時計についてはまだなぞに包まれたままなので、シンデレラの聞いた時報が王宮内の置き時計のものだとは断定できない。その可能性は十分あるが、今後は公共用時計についても探っていきたい。

12 あった。確かにあった。私が考えていた条件にぴったりあてはまる時計が。それは室内用の置き時計であった。シンデレラが聞いた時報はおそらく王宮内の置き時計であったのだろう。だが、公共用時計の可能性もまだ残されている。そのことについてはまたゆっくりと考えることにしよう。

注

（1） 阿部昇『授業づくりのための「説明的文章教材」の徹底批判』一九九六年、明治図書

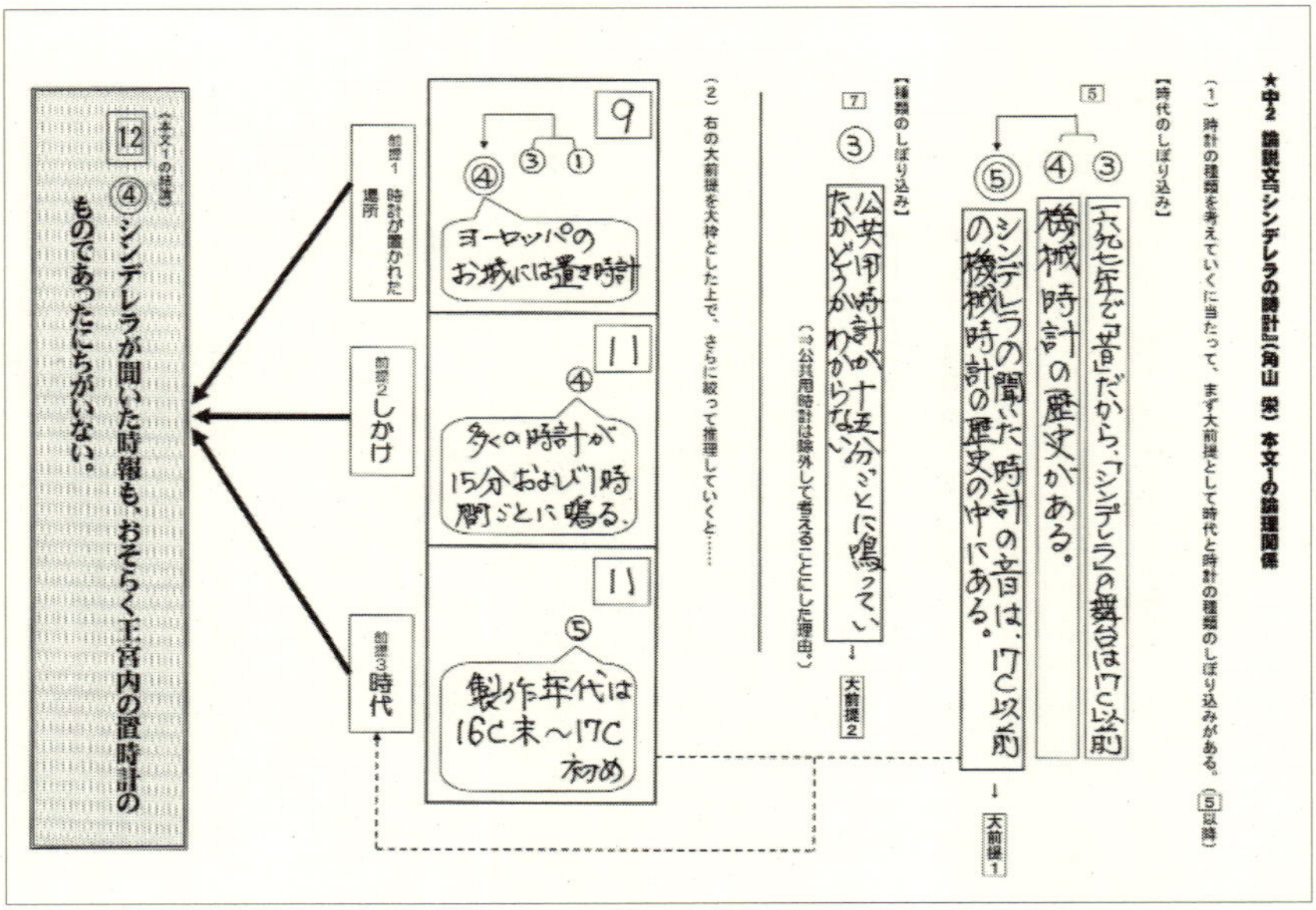

【物語・小説の新しい授業づくり】

5　小学校—物語・小説「構造」「レトリック」の仕掛けを読み解く授業
――「大造じいさんとガン」（椋鳩十）を使った授業構想と授業記録

永橋和行（京都府・立命館小学校）

1　「大造じいさんとガン」の構造を読みとることでどんな力がつくのか

多くの国語の授業で、「筋を読み取る」「あらすじをつかむ」等の実践が行われていると思われるが、どのようなねらいをもって、どのような方法で行われているのだろうか。私は次の三つのねらいをもって、構造よみの指導を行っている。[1]

①作品全体を俯瞰する力がつき、作品全体の筋を理解することができる。特に「クライマックス」は、事件の関係性がそこで決定的に転化したり確定したりする部分であり、読者に強くアピールする部分である。そのため描写性が他よりも高くなっている場合が多い。だからそこに着目することで、作品全体の流れを俯瞰することが出来るようになるのである。

②作品の構造を俯瞰することで、その作品の大きな形象の流れ・方向性がある程度把握できるようになる。また、その作品の大きな仕掛け（レトリック）も把握できる。そして、作品全体の主題も仮説的に予測することが出来るし、作品のどの部分に着目すればいいのかが見えてくる。

③形象を詳しく読み取っていくときの読むべき箇所が見えてきて、自分の力で読み進めることができる。つまり作品の構造を読み取ることにより、次の形象を読み取る授業につなげることができるのである。作品の事件展開は、クライマックスに向かって進行していき、仕掛けられ位置づけられている場合が大変多い。だか

らクライマックスという最も大きく事件が発展する部分を強く意識し、その発展過程をもう一度振り返ることで、それに向かって事件が大きく展開していく部分、つまり「事件の発展」をより容易に発見できるようになるのである。

2 クライマックスとは何か

クライマックスの性質には次のようなものがある。[2]

① 読者に強くアピールする書かれ方になっている。
② 描写性が特に厚くなっている。
③ 人物相互の関係等、事件の二つの関係性が転化・確定する。
④ より強く作品のテーマにかかわる。

しかし、実際に小学生の子どもに右記の四点を示しても理解出来ないので、私は「クライマックスはどこか?」という授業の場合、「作品の中で、最も大きく変化するところはどこか?」と発問し、「そこ(クライマックス)で何が大きく変化したのか」ということを、子どもと丁寧に読み取るようにしている。

3 「大造じいさんとガン」の指導計画(全一一時間)

一 教師の範読・新出、読み替え漢字・意味調べ 二時間
二 作品全体の構造をつかむ(特にクライマックス)
三 形象を読む(導入部・展開部・山場の部・終結部) 五時間
四 作品のテーマを読む 一時間
五 テスト(評価) 一時間
*二の「作品全体の構造をつかむ」(特にクライマックス)の授業実践を後で示している。

4 教材分析—クライマックスはどこか?

「大造じいさんとガン」(光村図書『国語五(下)』二〇〇五年度版)のクライマックスは、「大造じいさんは、強く心を打たれて、ただの鳥に対しているような気がしませんでした。」だと考える。〈大造じいさんの残雪に対する心情の変化〉こそが、この物語の大きな変化である。今まで残雪のことを「いまいましく」思っていたのが、ここで「強く心を打たれて、ただの鳥に対してい

るような気がしませんでした。」と大造じいさんの気持ちが大きく変化する。つまり、自分の身の危険もかえりみず、仲間を助けようとする残雪の姿に感動しただけではなく、最期の時を感じても、頭領らしく堂々と威厳を保ち続けた残雪の姿に、大造じいさんは〈ただの鳥ではないすごいやつだ。今捕まえたら卑怯だ。正々堂々と戦うべきだ。〉とここで考えを大きく変化させるのである。

子どもたちはこの作品を〈大造じいさんと残雪の対決の物語〉ととらえがちであるが、私は〈大造じいさんの残雪に対する気持ちの変化〉こそが、この作品を貫いているプロット（筋）だととらえたのである。

また、クライマックスのもう一つの候補として、「が、なんと思ったか、再びじゅうを下ろしてしまいました。」が考えられる。確かにここで、大造じいさんは、仲間を助ける残雪の姿を見て、じゅうを下ろすのである。つまり、残雪に対する心情が、いまいましくて憎くて、捕まえたい気持ちから、鳥なのにたいしたやつだと、残雪に対する見方（心情）を変化させるところなのである。しかしここでは、仲間を助ける姿にじゅうを下ろしたという読み取り以外にも、読み取りが可能であるし、（例えば、はやぶさやおとりのがんが邪魔になって、じゅうを下ろしたという読み取りも可能である。）ただ仲間を助けるだけではなくて、最期まで頭領としての威厳を保っている正々堂々としている姿にこそ、大造じいさんの残雪に対する見方が大きく変化したのである。この点をしっかり押さえたい。

そして、クライマックスが分かると（明らかになると）、次の学習の「形象よみ」では、〈大造じいさんの残雪に対する心情の変化〉が読み取れるところをまず探し（「線引き」し）、そこを中心に読み取っていけばいいことを、子どもに指導すれば良いのである。

5　「線引き」及び学習グループの指導

「線引き」とは、物語の鍵となる部分を発見する学習過程のことを指す。子どもたち自身が鍵となる読むべき部分を、自力で発見できる力をつけていくという発想がなかったように思う。はじめは教師が鍵となる部分を指し示しても良いが、少しずつそれを子ども自身が自力で発見できるようにしていく、という指導構想を持つことが大切なのである。

また、実際にクライマックスを見つける授業では、次のような進め方で授業を展開している。

①数人の子どもを指名して音読をする。
②個人個人でクライマックスを見つけて、教科書に線を引く。
③見つけたクライマックスについて、学習グループで話し合う。
④学級全体で、見つけたクライマックスを出し合い、話し合って決定する。

6 授業記録⑴主人公は大造じいさんか残雪か？

⑴⑵ともに立命館小学校5年S組（男子一五名、女子一五名、計三〇名）の授業記録である。⑴は二〇〇八年六月一〇日、⑵は六月一一日。なお、枠内は、授業についての永橋自身によるコメントである。

教師① クライマックスはどこですか？

子ども 私は「大造じいさんは、ぐっとじゅうをかたに当て、残雪をねらいました。が、なんと思ったか、再びじゅうを下ろしてしまいました。」だと思います。**（B）**

子ども 僕は「残雪は、むねの辺りをくれないにそめて、ぐったりとしていました。」だと思います。**（C）**

子ども 僕は「大造じいさんは、強く心を打たれて、ただの鳥に対しているような気がしませんでした。」だと思います。**（D）**

子ども 私は「もう一けりと、ハヤブサがこうげきの姿勢をとったとき、さっと、大きなかげが空を横切りました。／残雪です。」だと思います。**（A）**

> 始めに数人を指名して、教材文（全文）を音読させ、一人ひとりに、クライマックスを見つけさせ、そこに線引きをさせてある。その後、学習グループで話し合いをさせて、全体の場で発表させている。四つの意見については、それぞれ本文に出てくる順にA・B・C・Dと教科書に記入させた。

教師② 他にありませんか。四カ所クライマックスの候補が出ました。では、意見を言ってください。

子ども 私はCは違うと思います。ここは、はやぶさと残雪の戦いの場面で、この物語は大造じいさんと残雪

の物語だと思うからです。

子ども　Aもそうだと思います。

子ども　同じでーす。

教師③　AとCのみなさん、今の考えは納得できますか？

AとCの子ども　いいです。

教師④　ところで、今「この物語は、大造じいさんと残雪の物語だ。」ということがでましたが、主人公は誰ですか。

子ども　二人だと思います。大造じいさんと残雪の物語だからです。

教師⑤　そうなのですが、あえて言うとどちらですか。

子ども　大造じいさんだと思います。理由は、大造じいさんのことがたくさん書かれているからです。

教師⑥　話者は誰ですか。

子ども　話者は、大造じいさんでも残雪でもないけど、大造じいさんの方から見た様子で書かれていることが多いと思います。

教師⑦　みなさん納得ですか？　主人公は大造じいさんということでいいですか。確かに大造じいさんの会話（独り言）や気持ちを表す表現が多いですね。

クライマックスはどこか（場所）ということより、この作品の主人公は誰かという意見が出たため、話者は誰か、書かれ方は誰の形象が多いかなどに目を向けさせた。そして大造じいさんの物語であることを確認して、クライマックスはどこかという論議を深めようと考えた。

（ここで一時間の授業終わり）

7　授業記録②クライマックスはどこか？

前時の続きで、前時に出た四つのクライマックスの候補は（54頁下段参照）板書してある。

教師⑧　前の時間に、主人公は大造じいさんだと読み取りました。では、クライマックスはどこですか？

子ども　僕はBがクライマックスだと思います。理由は、大造じいさんは、今まで残雪のことを「いまいましい」

と思っていたのに、ここで銃を撃つのをやめたからです。

教師⑨　何が大きく変わったのですか。

子ども　仲間を助ける残雪の姿を見て、すごいなあと思ったから撃つのをやめたんだと思います。

教師⑩　つまり、変わったのは何？

子ども　大造じいさんの残雪に対する気持ちが大きく変わったと思います。

子ども　だったらもう少し後ろのDの方が、はっきり「強く心を打たれて、ただの鳥に対しているような気がしませんでした。」と書いてあるのでこっちがクライマックスだと思います。

教師⑪　さあ、大造じいさんの気持ちの変化がはっきり分かるのはどちらですか。

子ども　Bでは確かに「仲間を助けるなんてすごいなあ」という気持ちはあったかもしれないけど、そこには残雪の様子は書かれているけど、大造じいさんのようすは書かれていません。大造じいさんの様子がはっきり書かれていて、大造じいさんの気持ちの変化が分かるのは後ろのDだと思います。

子ども　それに、はやぶさともつれ合って沼地に落ちていったときに、はやぶさは逃げたのに、残雪は逃げないで、ぐっと長い首を持ち上げて、じいさんを正面からにらみつけたと書いてあるから、ここで残雪のことを、すごい奴だなあと思ったのだと思います。だから僕もDがクライマックスだと思います。

教師⑫　皆さんの考えを整理しましょう。Bがクライマックスだと言う人は、「仲間を助ける残雪に、大造じいさんの気持ちが大きく変化した。」（Bの横に板書）ということでいいですか。Dがクライマックスだと言う人は、「最期の時を感じても、頭領として、正々堂々としている残雪の姿に大造じいさんの気持ちが大きく変化した。」（Dの横に板書）ということでいいですか。では、ここでもう一度、どちらがクライマックスか学習班で話し合ってください。

学習班の話し合いはみんなを論議に巻き込んだり、少人数なので考えを発表しやすかったりするので有効である。しかし、話し合いの方法や学習リーダーへの指導も丁寧に行わないと騒がしくなってしまう。また、個別に各班の話し合いに教師が入り、助言や評価を行うとともに、各班の意見を整理し、その後の全体での討論の構想を考えることも重要である。

（ある学習班の話し合いの様子）

子ども　僕はDだと思う。ただ仲間を助ける姿に感動しただけではなく、最期まで正々堂々としていたからもっとすごいやつだなと思ったのだと思います。

子ども　私はやっぱりBだと思います。ねらっていた残雪を銃で撃つのをやめるということは、すごい変化だと思います。ここで大きく大造じいさんの気持ちが変わってしまったので、Dは大造じいさんの気持ちが変わってしまった後に、残雪のことを「ただの鳥に対しているような気がしませんでした。」と思ったのだと思います。

子ども　私は、今の考えは違うと思います。Bは残雪の仲間を救う姿に感動したことで、Dは残雪の正々堂々とした姿に感動したということですが、Dは両方入っていると思います。Bで、仲間を救うなんて残雪はすごいやつだなと思って、銃を撃つのをやめて、Dで、最期まで正々堂々としていたのでさらに「残雪はただの鳥ではない。」と感じたのだと思います。だから私はDがクライマックスだと思います。

子ども　では、この学習班は二つに考えが分かれたので、二つとも発表します。いいですか。それぞれ自分の考えを言ってください。

（全体での話し合い）

教師⑬　学習班で話し合ったことを発表してください。

子ども　僕たちの学習班はDがクライマックスだと思います。理由は、今まで残雪のことを「いまいましい」と思っていたのに、ここで「ただの鳥に対しているような気がしませんでした。」と残雪の見方が大きく変わっていると思ったからです。

子ども　私は、Bがクライマックスだと思います。ねらっていた残雪を銃で撃つのをやめるということは、すごい変化だと思います。ここで大きく大造じいさんの気持ちが変わってしまったので、Dは大造じいさんの気持ちが変わってしまった後に、残雪のことを「ただの鳥に対しているような気がしませんでした。」と思ったのだと思います。

子ども 私は、今の考えは違うと思います。Bは残雪の仲間を救う姿に感動したことで、Dは残雪の正々堂々とした姿に感動したことということですが、Dは両方入っていると思います。Bで、仲間を救うなんて残雪はすごいやつだなと思って、銃を撃つのをやめて、Dで、最期まで正々堂々としていたのでさらに「残雪はただの鳥ではない。」と感じたのだと思います。だから私はDがクライマックスだと思います。

教師⑭ ということは、さっき学習班の話し合いに入る前に、Bは、「仲間を助ける残雪に、大造じいさんの気持ちが大きく変化した。」Dは、「最期の時を感じても、頭領として、正々堂々としている残雪の姿に大造じいさんの気持ちが大きく変化した。」と言いましたが、Dはその両方入っているということですか。

子ども つまり、Bで、残雪のことを「仲間を救うなんてすごいやつだな。」だと思ったけど、Dでさらに、「最期の時でも、頭領として正々堂々としていて、もっとすごいやつだな。」と思ったのだと思います。だからやっぱりDがクライマックスだと思います。

教師⑮ みなさん、Dがクライマックスでいいですか。

教師⑯ では、クライマックスはDにします。みなさんは初め、この物語は「大造じいさんと残雪の戦いだ」と言った人もいましたが、そうではなくて、「大造じいさんの残雪に対する気持ちの変化」だということが読み取ることができました。さて、次の時間からこの物語をさらに深く読み取っていきますが、今日のクライマックスの読み取りから、これから何を読み取っていけばいいことになりますか。

子ども 残雪に対する大造じいさんの気持ちが変わっていくところを読み取ればいいと思います。

教師⑰ そうですね。もちろん残雪の行動に対して、大造じいさんの気持ちが変化していくので、残雪の行動も読み取っていくことになりますが、明日からは「大造じいさんの気持ちの変化が読み取れるところ」に線引きをして、読み取るべき場所をみんなで見つけて読み深めていきましょう。

討論のある授業を大切にしたいと考える。時間がかかったり、指導の大変さがあったりするが、教師が発問し子どもが答えるという一問一問の授業から抜け出したい。最後に板書してあった中から、Dのクライマックスの文を赤の枠で囲み、さらに次の時間からの学習課題である「大造じいさんの気持ちの変化を読み取る」を板書し、それをノートに書かせて授業を終えた。

8　終わりに

次の時間からは、スムーズに、子どもたちは読むべき箇所を自分たちで見つけ、読み進めていくことができていた。つまり、大造じいさんの残雪に対する気持ちが読み取れるところを見つけて、線引きして、読みを深めていくことが出来た。また私も自分なりに、構造よみから形象読みへのつながりの見通しも持つことができるようになったことは良かったと思っている。しかしながら疑問も新たに出てきている。それは、今回の私の実践が今まで読み研で言われてきた「展開部以降は、事件・人物・文体で読み深めていく。」ということとどうつながっているのか、あるいはつながっていないのかということである。このことについて、阿部昇氏（秋田大学）は、次のように示唆に富む提起をされている。今後の研究の課題としたい。(3)

展開・山場の「鍵となる部分（文）への着目の方法
クライマックスを意識しながら、「事件の発展」が特に読み取れる部分（文）に着目する。また、次の二点も必要に応じて着目する。
①情景描写が「事件の発展を暗示する部分（文）」
②「事件の発展」とは相対的に独立して「人物の新い性格」が読み取れる部分（文）

注

（1）阿部昇「国語科の教科内容をデザインする―教科内容再構築のための試み」『国語授業の改革4』二〇〇四年、学文社の論考に基づく
（2）前掲（1）の論考に基づく
（3）「物語・小説の『鍵となる部分』を発見させるための授業づくりの方法」『国語授業の改革6』二〇〇六年、学文社

【物語・小説の新しい授業づくり】

6　中学校―物語・小説「吟味」「批評」し「書くこと」につなげる授業
――「形」（菊池寛）を使った授業構想と授業記録

町田雅弘（茨城県・茗溪学園中学校高等学校）

1　どういう力をつけようとするのか

作品世界の中に入り込むことで主人物と同化するだけではなく、そこから一歩進めて、次の段階では作品世界をメタ的に把握する視点を持てるようにすることが必要になってくる。ただ単に「面白かった」から一歩進めて「面白く感じた。それは本作品にこのような工夫がなされているからだ（吟味）」と分析できる力を生徒につけていきたい。もちろん、面白く感じる作品ばかりではないだろう。「つまらなかった」と思うのであれば、「こんな点が弱いからだ（批評）」と分析できる力をつけていきたい。また、そういった分析を自分で表現できる（書き表わす）力をつけていきたい。

そのためには、「作品の工夫点」を見抜くための分析方法を身につける必要がある。また、こうした分析方法を利用した上で、「なるほど！だからこのように書いたのか」と実感ができる授業を積み重ねていく必要がある。「構造よみ・形象よみ・主題よみ」といった分析方法は、その点で非常に有効な手段であるといえよう。本稿の「2　教材の紹介と教材研究」において、構造よみ・形象よみ・主題よみを用いた授業で読み取っていった内容をあげてみた。

また、「作品の弱い点」を見抜くための分析方法も教える必要がある。本稿の「4　「形」の吟味読みの授業記録」において、その指導を試みた。

2　教材の紹介と教材研究

今回授業で取り上げた作品は、菊池寛の小説「形」〔教育出版『中学国語2』二〇〇六年度版〕である。戦国時代の近畿中国地方にその名を轟かせた槍の名手「中村新兵衛」が、いつも使っている「猩々緋と唐冠」を若い侍に貸したことにより、自分は苦戦を強いられ、ついには脇腹を刺されて死んでしまう。「猩々緋と唐冠」は言わば「形」であり、実力があるはずの新兵衛が「形」を手放すことにより命を落としてしまうというストーリーである。

本作品の冒頭では、主人物「中村新兵衛」のことを、次のように紹介している。

摂津半国の主であった松山新介の侍大将中村新兵衛は、五畿内中国に聞こえた大豪の士であった。

そのころ、畿内を分領していた筒井、松永、荒木、和田、別所など、大名小名の手の者で、『鎗中村』を知らぬ者は、おそらく一人もなかっただろう。それほど、新兵衛はそのしごき出す三間柄の大身の鎗の矛先で、さきがけしんがりの功名を重ねていた。

摂津といえば、大阪府北部から兵庫県南部あたりの地域をさす。当時の日本の中心地ということができる。もちろん、天下をとる上で重要な地域といえる。この地における侍たちのリーダーが「中村新兵衛」である。その上、名前の新兵衛には主君「新介」の「新」の字が。幼名から成人の名前に変わっていたのなら、よほど主君に信頼されていたということも読み取れる。

また五畿内、中国で、名を知られており、「鎗中村」と呼ばれうわさされるほど、多くの人に長い間恐れられていたことが伺われる。しかも「三間柄」もの長さの槍である。技量があるのはもちろんのこと、よほど恵まれた力・体格がなくては使いこなすことはできないであろう。

その上、彼は「さきがけ」や「しんがり」といった戦いにおける重要な役割を任せられていた。強く、また勇気のある侍として、味方の信頼を集めていたに違いない。

つまり、これでもかというほど繰り返し繰り返し「新兵衛」の強さを述べているのである。しかし、この後、今までとは違う新兵衛の側面が紹介され始める。

「ああ、猩々緋よ唐冠よ。」と、敵の雑兵は、新兵衛の鎗先を避けた。味方が崩れたったとき、激浪の中に立つ巌《いわお》のように敵勢をささえている猩々緋の姿は、どれほど味方にとって頼もしいものであったかわからなかった。また、嵐のように敵陣に殺到する時、その先頭に輝いている唐冠のかぶとは、敵にとってどれほどの脅威であるかわからなかった。

こうして、鎗中村の猩々緋と唐冠のかぶとは、戦場の華であり、敵に対する脅威であり味方にとっては信頼の的であった。

新兵衛の身につけている猩々緋の服折《はおり》は真っ赤であり、冠も中国の貴族が好んでかぶった派手なものである。味方にも敵にも、非常に目立つものであった。「鎗中村」とうわさされている新兵衛は、「ああ、猩々緋よ唐冠よ。」と呼ばれる。「ああ、新兵衛よ。」とは呼ばれない。しかも、「猩々緋の姿は、どれほど味方にとって頼もしいものであったかわからなかった。」や「唐冠のかぶとは、敵にとってどれほどの脅威であるかわからなかった。」また「鎗中村の猩々緋と唐冠のかぶとは、戦場の華であり、敵に対する脅威であり、味方にとっては信頼の的であった。」などの記述もあり、どうやら周囲（味方も敵も）は新兵衛の象徴である服折や冠（形）に威力を感じているようなのである。つまり、今までは「新兵衛自身の強さ」について述べていたのに、急に「新兵衛が身につけている形の威力」へと内容が変わっていくのである。

ところで新兵衛自身は「自分の強さと形の威力」についてどう感じているのか。次のような記述がある。

新兵衛は、相手の子供らしい無邪気な功名心を快く受け入れることができた。

「が、申しておく、あの服折やかぶとは、申さば中村新兵衛の形じゃわ。そなたが、あの品々を身に着けるうえからは、われらほどの肝魂《きもだま》をもたいでは、かなわぬことぞ。」と言いながら、新兵衛はまた高らかに笑った。

新兵衛は「あの服折やかぶとは、申さば中村新兵衛の形じゃわ。そなたが、あの品々を身に着けるうえからは、われらの肝魂をもたいでは、かなわぬことぞ。」と述べている。形と対極のものとして肝魂をあげており、〈肝魂こそ大切だ。自分にはその肝魂がある。だから勝ってきた〉と考えている。つまり形などというものは、たいしたものではないと軽視しているのだ。

もちろん新兵衛は強い。だから新兵衛は形を軽視しているのだろう。しかし、周囲の人物は新兵衛の身につけている形に注目しているし、脅威を感じているのだ。自分の考えと周囲の考えにギャップが生じているにもかかわらず、新兵衛はその事実に気がついていない。新兵衛に慢心があったのであろう。そして、美男の士に形を簡単に貸してしまう。案の定、美男の士は大活躍をする。

その日に限って、黒皮おどしのよろいを着て、南蛮鉄のかぶとをかぶっていた中村新兵衛は、会心の微笑を含みながら、猩々緋の武者の華々しい武者ぶりを眺めていた。そして自分の形だけすらこれほどの力を持っているということに、かなり大きい誇りを感じていた。

「自分の形だけすらこれほどの力を持っているということに、かなり大きい誇りを感じていた。」とあることからも、新兵衛の慢心から来る油断は容易に想像がつく。

また、この日に身につけていたのは、赤ではなく黒であったということにも注目したい。赤は言うまでもなく血色のよさから来る「元気さ」を象徴している。また黒は葬式をイメージする「死」を象徴しているといってよいだろう。

彼は、一番鎗は自分が合わそうと思い、駒を乗り出す。ところが、いつもとは、勝手が違っていることに気がつく。二、三人突き伏せることさえ容易ではなく、敵の鎗の矛先が、ともすれば身をかすする。しかし、彼はその理由が分からない。

手軽にかぶとや猩々緋を貸したことを、後悔するような感じが頭の中をかすめた時であった。敵の突き出した鎗が、おどしの裏をかいて彼の脾腹を貫いていた。

後悔さえもしていないのだ。「後悔するような感じが頭の中をかすめたときであった。」とあるように、「ような感じ」「頭をかすめた」にとどまっている。しかも、そう感じ始めたときには、死んでしまうのだ。自分が思っている以上に形に力があったということに気がつく前に、事実として証明されてしまうのだ。しかも、「鎗中村」と恐れられていた新兵衛は、皮肉なことに鎗によって殺されてしまう。

この作品は、読者に唐突な印象を残しながらこの部分で終了してしまう。こうした、終わり方は悲劇性を高めるためには効果的であると言ってよい。

3 「形」の授業構想

次のような単元計画を立てた。全十二時間計画である。学年は中学校2年生である。

一 表層の読み取り（1～2限）
1 動機づけ
2 教師の朗読
3 内容の確認
4 難語句の確認

二 構成・構造の読み取り（3～4限）
1 発端の分析
2 クライマックスの分析
3 山場のはじまりの分析

三 形象・主題の読み取り（4～11限）
1 導入部「時」「場」の読み取り
2 導入部「人物」の読み取り
3 導入部「事件設定」の読み取り
4 展開部「人物」「事件」の読み取り
5 山場の部「人物」「事件」の読み取り

四 吟味・批判（12限）
1 この作品で評価できる工夫点
2 この作品への疑問・批判

この稿では、右のうち「四 吟味・批判」の「1 この作品で評価できる点」および「2 この作品への疑問・批判」を示す。

4 授業記録と授業者自身によるコメント

二〇〇八年四月二六日（土）に茗溪学園中学校2年

Ｂ組（男子二四名、女子二一名、計四五名）で行った授業の記録である。枠内は、授業についての町田自身によるコメントである。

教師①　今まで、「形」という作品をさまざまな角度から分析してきました。みんなの意見は、それぞれ非常に優れていました。この作品の本質をよく分析できたと思います。言葉一つにしても、話の描き方にしても作者である菊池寛が工夫して描いていたことがよく分かったと思います。今日は、どんな点にその工夫が現れていたのかを皆さんに指摘して書いてもらおうと思っています。中でも一番感心した工夫はどこですか。それは何故ですか。

（板書①）

「吟味読み１　一番感心した工夫はどこか。それは何故か。」

教師②　ノートを出してください。まず、この板書を新しいページに書いてください。

教師③　書けましたか？では、今までの授業を思い出して、どの点について書くかを選んでください。５分間。はい、始め。

授業中は、「ノートをまとめる時間」を別に設けるようにしている。中学生ぐらいであると、ノートをまとめるために、教師の話や子どもの発表をおろそかに聞いてしまう子どもが出てきてしまうからである。

教師④　やめ。では、いつもの「５分間感想」のように時間を区切って書いてみましょう。５分間でどのくらい書けるかな。はい、始め。

子どもたちが書いた内容をここでいくつか紹介する。

吟味①　若侍に名前をあえてつけないのは良いと思った。ただの侍がかぶとをつけることで大活躍する。名前をつけないほうが、かぶとや猩々緋の存在が大きくなると思います。

吟味②　最後に「鎗中村」が鎗で殺されてしまうというところが皮肉である。うまい書き方だ。

吟味③　形に対して脅威を感じるということは現代社会でも起きていることである。でもそれを表現するのは意外と難しいと思う。菊池寛はそういう意味ですごいと思った。

吟味④　最後がクライマックスのまま終わるのはいい効果を生んでいる。最後まで緊張感が続くし、悲劇性が高まっている。

吟味⑤　新兵衛が自分で思っている自分の強さと、敵や周囲が感じている強さの違いの書き方がわかりやすく書けてある。

吟味⑥　新兵衛はどうして負けていくのかがよく読めばわかっていく。そこが良い。

吟味⑦　読んだ後に納得する題名である。読んでない人には「?」と思わせ、読んでみたくなるタイトルだ。

吟味⑧　前半で新兵衛の強さを繰り返し述べているので、負けてしまうという最後は意外性が強く、読者をひきつける。

吟味⑨　いかに人間が形にとらわれ生きているかがわかる作品。

吟味⑩　新兵衛という名前自体にも意味がこめられているところがすごいと思った。

こちらの課題「感心した工夫について述べなさい」は、比較的書きやすい課題であったようだ。どの子どもも鉛筆はすらすらと動いていた。というのは、授業で示した分析方法・分析内容が頭に残っていたからであろう。本授業以前に、「2　教材の紹介と教材研究」で述べた内容について、授業で確認しておいた。

教師⑤　はい、5分間たちました。そこまで。今日はもう一つ課題があります。次は、逆にこの話に納得できなかった点はなかったでしょうか。不自然だなぁとか、説得力に欠けるなぁとか、思った点はありませんか。

(板書②)

「吟味読み2　不自然に感じる点・説得力に欠ける点はどこか。何故そう感じたのか。」

教師⑥　先生はいくつか感じたのですが……。一つは、新兵衛の人物像について疑問に感じた人はいませんか。新兵衛はどんな人物だった?

子ども　ものすごく武術に長けている。

子ども　目立つものを身につけて戦いに臨んでいる。

子ども　形よりも肝魂や実力を大切だと思っている。

子ども　形を貸したことにより負けてしまうことに、死んでいくのに最後まで気がつかない。

教師⑦　なるほど。そのあたりで不自然に感じたことはないかな？物語にはリアリティがあって初めて感情移入ができるでしょ。リアリティがないために、いまひとつ感情移入ができないという点はありませんか。

（板書③）

「（例1）新兵衛の人物像について」

教師8　もう一つは、この作品のテーマについてです。この話は今にも通じる話だよね。タイトルにもある「形」は今で言うところの何にあたるだろう？

子ども　○○先生がいつも持っている、長い棒。（笑い）

子ども　警察手帳。

子ども　ゴールドカード。

子ども　ロレックス。

子ども　ベンツ。

子ども　議員バッジ。

教師⑨　なるほど。棒や警察手帳は違うかもしれないけど、皆が手に入れたいものばかりだね。こういった形のことを新兵衛は何だと言っているの？

子ども　価値が低い。

教師11　でも作者は何といっていると思う？

子ども　時には大切だ。

子ども　そう簡単に手放してはいけない。命を失うという結果をもたらすこともある。

教師⑫　このあたりについても不自然に感じることはないかな？

（板書④）

「（例2）作品のテーマについて」

教師⑬　では、この板書を新しいページに書いてください。

> 先の課題に比べると、こちらの課題はかなり難易度が高い。どこに目をつけると批判ができるかという「指標（分析方法）」を与える必要があると考えた。

教師⑭　書けましたか？では、作品を読み直して、どの点について書くかを選んでください。10分間。はい、始め。

教師⑮　やめ。もちろん他の点について書いてもかまいませんよ。10分間で書いてみてください。はい、始め。

子どもたちが書いた内容をここでいくつか紹介する。

吟味⑪　読者に訴えかけるテーマが不自然に感じる。普通なら本質をおろそかにして形ばかり気にかける人のほうが圧倒的に多いと思う。その方が楽だからだ。例えば、「高級車や高級時計」にあぐらをかいて、実力を磨くことをしない人は多い。にもかかわらず、形を大切にしようと言っているみたいで、不自然さを感じる。

吟味⑫　新兵衛はあれだけ強いという設定であるにもかかわらず、簡単に負けすぎるのでは？形を貸したくらいで負けるとは思えない。

吟味⑬　新兵衛はみんなが身につけようとはしていない派手なものを身につけている。ということは、逆に言えば人並み以上に「形にこだわっているのではないか」これほど形にこだわる人物なのに、なぜ「形」の持っている力に気がつかないのか？

吟味⑭　美男の士が「形にこだわりを持つ」という設定ならば、その後どうなったか描くべきではないか？「形にばかりこだわる」方が問題があると思う。このまま終了してしまうと、実力を磨くことを軽視するべきという主張にとられかねない。

吟味⑮　新兵衛の人物像があまりにも神がかっていて立派過ぎる。こんなに強くて、立派な考えをしている人がいるのだろうか。人間の悲しさというテーマにも説得力がない。特別な人間が感じることには、なるほどと思えない。

吟味⑯　これから戦おうという人が、そんなに目立つものを一人だけ身につけるだろうか？それこそ味方がやられた恨みをはらそうと大勢でやって来てとっちめるということはないであろうか？

5　留意点

中学生なので、優れた文学作品に数多く出会ってきたという経験をしている子どもはほとんどいないはずだ。そんな子どもたちにとって、どのような作品が優れていて、またどのような作品が不十分なのかを判断するのはかなり難しい。「吟味」ならまだしも、「批評」を書かせることは、かなり難易度の高い課題となる。よって「批評」のための指標（分析方法）をある程度指し示す必要がある。

今回の授業では「不自然に感じる点・説得力に欠ける

点はどこか」という指導言を用意してみた。目の付け所は「リアリティ」ではないかと考えたからだ。多くの読者にとって「リアリティ」を感じさせない作品は、不十分な作品であるといえるだろう。そして、より探しやすくするために「新兵衛の人物像について」また「作品のテーマについて」絞って考えてみるという助言も用意してみた。

指標はこれでよかったのか、今後検討を続ける必要がある。また、今回の授業では実践できなかったが、「子どもから出された批判について妥当性があるかないか」再度討議をする必要もあるだろう。今後の課題としたい。

【メディア・ＮＩＥの新しい授業づくり】

７　小学校ーメディア・ＮＩＥ「事実」と「意見」の関係を読み解く授業

――新聞記事「赤ちゃんポスト」を使った授業構想と授業記録

加藤　郁夫（京都府・立命館小学校）

１　二つの新聞記事の比較から読み深める

新聞は、事件を正確に読者に伝えてくれるものだと、通常私たちは考えている。しかし、一つの事件を報道するにも、どの角度から見るか、誰の立場からとらえるか、

どのような事実を知らせ、またどのような事実は省くのか……といったことで報道の結果にはかなりの差があることがある。「事実」は誰が見ても変わらないものだ、というのは私たちの勝手な思い込みに過ぎない。

同じ事件に対する、二つの新聞記事を取りあげ、その違いを読み取る。「事実」の取捨選択の背後には、「記事」の「意見」がある。「事実」と「意見」とは簡単に二分されるものではなく、「事実」の取捨選択に書き手（記事）の「意見」が読みとれることを考えていく。

２　新聞記事の概要と教材研究

(1)　二つの新聞記事

朝日新聞・読売新聞両紙の二〇〇七年五月十五日付け夕刊で、熊本市の慈恵病院で開設された「赤ちゃんポスト」に、最初に預けられたのが三歳くらいの男児であったことを報じた記事である。「赤ちゃんポスト」は、「親が育てられない新生児を匿名で預かる」ものである。

A　朝日新聞　見出し「赤ちゃんポストに男児」
B　読売新聞　見出し「想定外の3歳児」
（＊両者とも縮刷版から取った記事である）

(2)　記事の概要

（1 2……の段落番号は、加藤による。）

（A　朝日新聞）

1　事件の概要。
2　ポストの保護対象は新生児を想定していたが、「目的外」に利用された形で、当初からあった「安易な育児放棄を助長しかねない」との批判が再燃しそうだ。
3　男児の紹介と病院側のコメント。
4　「捨てられて命を落とす赤ちゃんや、中絶せざるを得ない母親を救いたい」と赤ちゃんポストが計画されたことを紹介。
5　ポストに対し「安倍首相が慎重な見方を示すなど、育児放棄を助長しかねないという批判があり、賛否が割れていた」。
6　今回の事件で「『捨て子』の受け皿になりかねない危険性が懸念される」。

【識者のコメント】
塩崎官房長官のコメントを紹介。塩崎氏は「赤ちゃんポスト」の設置に否定的な見解を示していた、と紹介している。さらに柳沢厚生労働相、高市少子化・男女共同参画相のコメントが続いている。

（B　読売新聞）

リード文で「赤ちゃんポスト」の説明、事件の概要を述べ、「育児放棄を助長しかねない」の声が強まりそうだと述べる。
1　事件の概要。
2　事件についての副院長と熊本市のコメント。
3　「赤ちゃんポスト」に対する賛成・反対両方の意見を紹介。
4　赤ちゃんポストのシステムを紹介。
5　赤ちゃんがポストに預けられて以降の措置を説明。
【識者のコメント】
高橋史朗明星大教授（臨床教育学）のコメント
「子どもの命を守るという点では、赤ちゃんポストの役割は間違っていない」とし、「ポストの意義は否定しないが、まず何よりも、子育てをする親を支援する取り組みを社会全体で作っていかなくてはならない」と結ぶ。

(3) 教材研究

A（朝日新聞）の記事では、全体として「赤ちゃんポスト」に対する否定的な見解が中心に述べられている。五十行の記事の中で、赤ちゃんポストに対し四回否定的な見解が述べられている（[2]で、「『安易な育児放棄を助長しかねない』との批判が再燃しそうだ」、[5]で「安倍首相が慎重な見方を示すなど、育児放棄を助長しかねないという批判があり」、[6]で「『捨て子』の受け皿になりかねない危険性が懸念される」、コメントで「塩崎氏は『赤ちゃんポスト』の設置に否定的な見解を示していた」と紹介されている）。また、コメントはすべて政治家であり、それもすべてポストに否定的な見解を持つ人物のコメントである。

B（読売新聞）の記事では、ポストのシステムを丁寧に紹介し、ポストに賛成する人のコメントを載せるなど、全体として、赤ちゃんポストに好意的な記事といえる。

両者の違いは、次のようにまとめられる。

①記事の大きさはほぼ同じであるが、Aの記事では四回、ポストに対する否定的な意見（批判）が書かれている。Bの記事では、ポストに対する否定的な意見（批判）は、二回である。（Bではリード文と[3]で、赤ちゃんポストが「育児放棄を助長」するという批判が紹介されている。）

②Aはポスト反対派のコメント（政治家）を載せ、Bはポスト賛成派のコメント（学者）である。

③Bでは、ポストのシステムを丁寧に紹介している。（[4]〜[5]でポストが「病院1階の新生児相談室に設けられ」、赤ちゃんがポストの保育器に入れられるとブザーが鳴り「助産師や医師が駆けつける」仕組み、さらには託された乳児がその後どうなるのかを述べている。）Aにはない。

④Aの記事では、「捨て子」の受け皿になりかねないとポストに対し、はっきりと意見を表明している。Bは、ポストに対する賛成・反対の両方の意見を紹介し、ポストに対する意見は直接には述べていない。

⑤Aの記事にはリード文はないが、Bの記事はリード文をもつ（Aは社会面の記事、Bは一面のトップ記事である）。

⑥Aは文字だけの記事、Bは赤ちゃんポストの写真を載せている。

全体に、Aは赤ちゃんポストに否定的な意見を多く載せている。一方、Bは賛否両方の意見を紹介し、中立的な立場に立ちつつ、ポストに賛成する人のコメントであったり、ポストの丁寧な紹介など、むしろポストに対して好意的な「意見」が読みとれる。

(4) 授業のねらい

何を紹介し、何を紹介しないか、誰の（どのような立場の）コメントを載せるかといった、「事実」の取捨選択で、同じ事件の報道でも、記事が読者に与える印象は一八〇度変わってしまう。一見、公平・中立的であると思われる新聞記事でも、必ずしも「公平・中立」であるとはいえない。「事実」の取捨選択の背後には、書き手の「意見」がはっきりと読み取れる。

本教材を通して、「事実」と「意見」は明確に区別できる場合ばかりではなく、「事実」の取捨選択が、ある「意見」を表すことになるということを考えさせたい。

3 授業構想

以下に示すように、全体として三時間の授業を考えた。

《第1時》

①Aの記事を読み、以下の語句の意味調べを行う。

> 新生児、匿名、遺棄、想定、安易、放棄、助長、再燃、中絶、慎重、賛否、避難、措置、受け皿、懸念

②報道されている事件の内容を理解する。
③「赤ちゃんポスト」がどのようなものか理解する。
④Aの記事を読んで、「赤ちゃんポスト」に対してどう思うか、自分の考えをまとめる。

《第2時》

Bの記事を読み、AとBの記事の違いを読み取る。

（以下に授業記録を載せる）

《第3時》

A・Bの記事の違いからわかったことをまとめる。その上で、同じ事件を報道しても、「事実」の取捨選択によって、記事のあり方が変わってくることの意味を考える。

4 授業記録と授業者自身によるコメント

二〇〇八年五月二二日（木）五時限目に立命館小学校5年R組（男子一五名、女子一五名、計三〇名）で行った授業の記録である。枠内は、授業についての加藤自

身によるコメントである。

第1時が、意味調べに手間取って、Aの記事の内容をつかむところまでしかできなかった。第2時にあたる本時は、ABの記事の違いに目を向けていくことを中心に授業を考えた。

教師①　今日は、前回読んだ記事と、同じ日に出た別の新聞で「赤ちゃんポスト」のことがどのように書かれているかを読みます。このあいだ配ったのは朝日新聞（A）、今日配るのは読売新聞（B）です。

（Bの記事をコピーしたプリントを配布）

教師②　まず読んでいきます。読めない漢字には振り仮名をうちながらみていって下さい。

時間の都合上、また新聞記事は5年生が読むにはむつかしい漢字が多いので範読にし、内容理解が少しでもすすむように考えた。

教師③　ではこの記事も段落番号をうちます。

記事本文に段落番号を打たせた。その際、Bの記事のリード文は0段落とし、コメントのところには「コメント」と書き込みを入れた。

教師④　Aの記事で意味調べをしましたが、わからないところはありますか？（生徒からは特に出なかった）

教師⑤　新聞は、事件を報道して私たちに知らせてくれる。でも同じ事件を報道した記事なのに、この二つの記事はかなり違うんです。どう違うかを今日は読んでいきます。はじめに、Bの記事で「赤ちゃんポスト」について説明しているところはどこか探して下さい。

子ども　4段落・5段落。

教師⑥　いいですか？（子ども「いい」という声）

教師⑦　ではそこにこの間のAの記事でも赤ちゃんポストの説明のところは赤で線ひいたよね。同じように4・5段落も線を引いてください。

教師⑧　では、赤ちゃんポストは問題があるといっている箇所はどこ？

発問をするとすぐに手をあげる子どもが何人もいる。ただ、すぐにその子どもたちをあてていくと、わかる子だけを相手の授業になってしまう。ここでも一〇人くらいの子どもが手をあげていたが、他の子どもに考える時間を与えるため、しばらく時間をとったうえで、指名した。

子ども　3段落の「養育放棄を助長する」との反対意見も根強いのところ。

教師⑨　そこでいいですか？

子ども　はい。

教師⑩　じゃあ、そこは青で線ひいてください。

ポストについて説明している箇所は赤で、ポストに批判的な箇所は青で線を引かせることにした。そのことで、AとBの違いを視覚的にもとらえやすくなる。

（さらに子どもから手が上がる）

教師⑪　まだある？

子ども　一番最後のコメントの「親がこうした制度に安易に頼ってしまうと、親子の結びつきが弱まることにつながりかねない」のところ。

教師⑫　そこはどうですか？（子ども「いい」の声）

教師⑬　じゃあ、そこも青い線を引いておいて下さい。

コメントの中から、「赤ちゃんポスト」の問題点の指摘が出てくるとは教師は予想していなかった。教材分析の弱さである。子どものここでの指摘はその通りなので、受け入れた。

教師⑭　もうない？（間）もう一箇所ある。

子ども　リード文の「養育放棄を助長しかねない」の箇所。

教師⑮　いいかな？（子ども「はい」の声）

教師⑯　では、こんどはAの記事。Aの記事でポストの説明しているところは前に確認したね。

子ども　4段落

教師⑰　では、赤ちゃんポストに問題があるといっているところはどこかな？探してください。

ここでも即座に手をあげる子どもがいた。「一つ見つけただけではだめ。他にもないか探してみることが大事」と助言をうち、しばらく時間をとった。数分後に、「となり同士で教えあってもいいですよ」と助言。人の意見を聞かせること、授業の中で他と関わり合うことを少しずつさせていきたいと考えてのことである。

教師⑱　では出して下さい。

子ども　②段落の「安易な育児放棄を助長しかねない」のところ

子ども　コメントの最初の塩崎官房長官の「赤ちゃんポスト」の設置に否定的な見解を示していたというところ。

この後子どもから、⑤段落、⑥段落、コメントの柳沢厚生労働相・高市少子化担当相の箇所とAの記事における「赤ちゃんポスト」に対する否定的な見解が出された。

教師⑲　それでは、いまAとBの記事で赤と青で線引いたね、それを基にしながらAとBの記事はどう違うか、Bの記事の載っているプリントに違いを書く欄があります。そこに記入してください。

Bのプリントには記事の余白に、違いを書く欄と、違いから考えたことを書く欄の二つを設けてある。
ここでも即座に手をあげる子どもが何人もいた。すぐにその子たちを指すのではなく、まずプリントに各自が気付いた違いを書き込ませる作業をさせた。じっくりと課題に向きあい、考えていくということをさせたいと考えてのことである。書きこみの時間約五分。

教師⑳　では、それぞれが考えたものを班で出しあって、班で発表する人を一人決めてください。
（子ども、班で相談）

子どもは、6列で各列5人で座っている。2列ずつ、机をくっつけている。前から前後の4人で一つの班とし、最後尾だけ、3人ずつの班にした。この班は前回の授業から使い始めたものだが、同じ国語の「文学」の授業でも班を使い始めているので、子どもは班にすこし慣れてきている。

教師㉑　では出してください。

班の話し合いにもう少し時間をかけたかったのだが、時間（授業時間は四〇分）の関係、時間内にある程度違いを出させておきたかったこともあり、班の話し合いを三分ほどで打ち切り、発表させた。

教師㉒　3班。

子ども　A（朝日新聞）は不安や否定していることについて詳しく書いているけど、B（読売新聞）の場合は、「赤ちゃんポスト」のことを詳しく書いている。

教師㉓ ここはどう？いい？

子ども いい。

教師㉔ じゃあ、全員手をあげているから1班。

子ども Aは問題点を多く出しているけど、Bはポストについてよい意見と悪い意見を対比的に書いてある。

教師㉕ はい、6班。

子ども Aはポストの仕組みが書かれていないけど、Bはポストの仕組みを詳しく書いてある。

教師㉖ これはいいですか？

子ども いいけど、Aには[4]段落に「捨てられて命を落とす赤ちゃんや、中絶せざるを得ない母親を救いたい」と赤ちゃんポストを作った理由が書いてある。

教師㉗ うん、Aには理由が書いてある。はい、7班。

子ども Aには連れられてきた日付が書いてあるけど、Bには書いてない。

Bの記事では、リード文に連れられてきた日付が出ていた。この子どもは、本文だけの比較をして、このように出してきたのである。ただ、私自身もAがポストに批判的、Bがポストに好意的な記事であるという点に目が行きすぎて、連れられてきた日付や父親ときたことなどにはあまり目が行っていなかったのも確かなのである。子どもたちのAB二つの記事の違いに対する反応は、思っていた以上に素直であった。子どもたちの反応を教師の方が十分に読み切れていなかった。

子ども 付け足し。

教師㉘ はい。

子ども Aには誰ときたかは書いてないけど、Bには父親と来たと書いてある。また、Aでは新幹線に乗ってきたと書いてあるけど、Bには書いてない。

教師㉙ 男の子の書かれ方が違う。ほか、8班。

子ども Aはリード文がないけど、Bはリード文がある。

教師 5班。

子ども Aでは蓮田理事長となっているけど、Bでは蓮田副院長。

教師㉛ 同じ人の紹介が違う。6班。

子ども Aはコメントが3人。Bは一人。

教師㉜ ほかにコメントについて違いはない？

一つの班がすぐに手をあげるが、他の班の反応が鈍かった。ポストに批判的な人のコメントか、賛成している人のコメントかで記事の有り様は大きく異なる。この時点でそこにきちんと目を向けさせたかったので、少し子どもたちの様子をうかがいながら、「コメントには実は大きな違いがある」と助言を打った。

子ども　Aは政治家、Bは大学の先生。
教師㉝　そう。まだ違いがある。

子どもは「はい」といって手をあげていたが十人程度。「これだけ?」といってすこし挑発した。

教師㉞　わかっている人これだけしかないの?線ひいたでしょ。……はい2班。
子ども　Aの方は記者会見で、Bは話をしている。
教師㉟　そういう違いもある。もっと大きい違いがある。はい。××くん。
子ども　Aの方は批判的だけど、Bの方は批判でも賛成でもない。
教師㊱　うん。むしろどっち?
子ども　賛成。
教師㊲　Aの記事は三人とも赤ちゃんポストに賛成してないですね。Bの記事ははじめに「赤ちゃんポストの役割は間違っていない」と述べているから、どちらかといえば賛成だよね。
子ども　うん。
教師㊳　はい集中。同じ事件を報道した記事なんだけど、AとBでいまみんなが出してくれたような違いがたくさんあることがわかったね。それじゃあ、この違いからどういうことがわかるんだろうか。新聞は、事件を報道して私たちに伝えてくれるものだったよね。でもその報道が記事によってこんなにたくさんの違いを持っているんだよね。私たちは、この違いからどういうことが勉強できるのだろう?それを次の時間に考えていきます。

第2時の授業は、ここで終わった。終わった後、私のところに「記者の考え方が違うから記事が違っている」と言いにきた子どもが何人かいた。子どもたちは違いを読み取ることで、その違いの意味をある程度考えることができたようである。

5　その後の授業

前時の授業の翌日に、AとBの記事の違いをもう一度整理し、その上でその違いからどのようなことがわかるか考えていった。Bの記事のプリントの「二つの記事を比較してわかったこと・考えたこと」という欄にそれぞれの考えたことをまず記入させた。その後、班で話し合い、発表させた。以下に子どもたちの意見を紹介する。


「記者のとらえ方が違う。」

「朝日新聞は反対の人に意見を聞いていて、読売新聞は賛成の人に意見を聞いている。」

「新聞社によって意見が違う。」

「一つの新聞だけを見ていたら、間違ってしまうかもしれないから何種類かの新聞を読む方がよい。」

「新聞記者の質問が違うから、記事も変わってくる。」

「記事の書き方も伝えたいことも人によって変わってくる。」


二つの記事の違いが、「意見」の違いに基づくものであることを子どもたちはおおよそ読み取っていた。「事実」と「意見」は、文章によっては、ここが事実ここが意見と読み分けていくことが意味をもつこともある。ただ、今回扱った新聞記事の場合、一見「事実」しか書かれていないように見えながらも、その背後に記者（あるいは新聞社）の「意見」がはっきりと読みとれる。「事実」の取捨選択が「意見」となっているのである。二つの記事を比較することで、そのことが鮮明に読みとれる。

おわりに

今回の授業は「リテラシー」（立命館小学校・5年生の国語は「文学」「古典」「リテラシー」の三科目から成っている）の授業を用いて行った。新聞記事の語句は小学校5年生にはかなり難しいが、記事の内容は理解しやすいものであり、子どもたちは積極的に授業に取り組んでいた。子どもたちの力や学級のあり方も考慮する必要はあるが、記事の違いに焦点化することで、子どもたちの課題も明確になり、違いの意味もはっきりとみえてくるのではないかと、授業をして改めて思った。

＊「赤ちゃんポスト」の記事を用いる授業は、京野真樹氏（秋田県鹿角市立十和田小学校）のプランに基づくものである。記事は、京野氏の案を元に加藤が一部変更した。

【メディア・NIEの新しい授業づくり】

8　中学校・高校ーメディア・NIE「吟味」「批判」し「書くこと」につなげる授業

――新聞記事「ママが挑む大舞台」を使った授業構想と授業記録

岩崎　成寿（京都府・立命館宇治中学校高等学校）

1　新聞記事を批判的に読む方法を身につけさせる

今回、新聞記事を批判的に吟味する授業を構想するにあたり、文章吟味のスキルを意識化させること、教材としてスポーツニュースを取り上げることを主眼に置いた。

文章吟味のスキルをメディアに応用するにあたり、メディア・リテラシーの八つの「基本概念」から、「メディアはすべて構成されている」「メディアはものの考え方（イデオロギー）や価値観を伝えている」[1]の二つを事前に別の教材を扱ったときに教えておいた。それらに対応する吟味のスキルとして、「選ばれた「事実」は妥当か」「その表現・事実選択・推論などの裏には、どういうものの見方・考え方やねらい・基準があるのか」[2]を教えることを授業目標に据えた。なお、スポーツニュースの教材化にあたり、ジェンダーやナショナリズムの視点から分析した見解を参考にさせていただいた。[3]

2　教材の紹介と分析

今回、教材として取り上げたのは、「京都新聞」に二〇〇八年三月から四月にかけて掲載された「ママが挑む大舞台」という五回連載の記事である。ここでは授業で取り上げた範囲に絞り、全五回の見出し部分と、四回目の記事全文を紹介する（段落番号は岩崎による。写真とキャプションは省略）。

連載タイトル　ママが挑む大舞台
☆1☆　2度の引退乗り越え　競泳自由形

ダラ・トーレス（米国）
☆2☆　メダルを娘の胸に…　クレー射撃
中山由起枝（日本）
☆3☆　V3で息子の誇りに　女子フルーレ
バレンティナ・ベッツァーリ（イタリア）
☆4☆　夫の勧め三度目狙う　ビーチバレー
佐伯美香（日本）
☆5☆　家族一丸で雪辱期す　女子マラソン
ポーラ・ラドクリフ（英国）

1　「結婚と出産はわたしの夢だった。その両方がかなった後も、半年くらいでもう試合に出たくなったんです」。北京で3度目の五輪出場を狙うビーチバレー女子の佐伯美香（ダイキ、京都成安高出）は恥ずかしそうに笑った。1年のうち約9カ月間、夫の福井公彦さん（43）と5歳の長男健太君を松山市内の自宅に残しての競技生活は6年目だ。

2　36歳の佐伯はバレーボールで1996年のアトランタ五輪に出場した。ビーチバレーに転向し、2000年シドニー五輪で4位に入賞。01年に結婚して引退を表明した。

3　翌年、健太君を出産。その後はコーチを務めたが、公彦さんの勧めもあって03年に現役に復帰した。佐伯は結婚当時のことを「競技を続けられる環境があったのに、一度は引退を選んだことを後悔している」と話す。結局、アテネ五輪には出られなかった。

4　公彦さんは復帰を促した理由をこう語る。「妻はバレーを取れば何が残るの、という感じの人。僕はシドニー五輪を観戦し、非常に感動した。子供も五輪を見れば、ママが頑張る姿を目に焼き付けられる」

5　五輪に出るには毎年、世界各地で行われるワールドツアーを転戦し、ポイントを積み上げる必要がある。佐伯が家を空けるときには、会社員の公彦さんがほぼ1人で健太君の面倒を見る。佐伯は「夫は不平を言わないが、想像以上に大変だと思う」と感謝している。

6　北京五輪後は国内で競技を続けたいという。「今までは家庭を放棄してきたようなもの」と冗談めかしたが「五輪の後は今までの分を取り返したい」と優しい口調で言った。

以下、教材分析を提示する。「事実の選択は適切か」「背景にある価値観は適切か」というスキルを適用する。

(1) 五人が選ばれた理由を読む

日本人二人をはさみ、米国・イタリア・英国の三人が選ばれている。五輪競技参加選手の四割は女子選手である。その中に母親でもある選手は一定数いるはずであるが、その中からなぜこの五人が選ばれたのか。

a 「欧米の白人」を選択

外国人として、なぜ、米国・イタリア・英国なのか。アジア系や黒人が選ばれないのはなぜか。欧米では出産後も現役を続ける風潮が強いという背景があるため、必然的に母親選手が多いとも考えられる。しかし、それならばそういう風潮のない国の選手を採り上げた方が好ましいであろう。例えば、女子マラソンで、キャサリン・ヌデレバ選手が選ばれなかったのはなぜか（ヌデレバは母親である）。ヌデレバは、アテネ五輪銀メダリストであるし、北京五輪にも挑戦している。こうした背景には、「外国人＝欧米の白人」というステレオタイプ（＝型にはまった一般的なイメージ）があるのではないか。

b 容姿端麗な選手を選択

トーレスは、引退後「テレビ番組のキャスターやモデルとして活躍」とある。キャスターやモデルは、一般に容姿端麗であることが条件である。また、ベッツァーリは「鋭い眼光が際立つ彫りの深い」顔であると表現されている。写真を見ても、ラドクリフを含む三人は西洋美人タイプであると言えよう（各人の肖像画をＨＰで確認するとそのことは一層明確となる）。この記事以外に限らず、一般にマスコミ報道においては容姿が優れた女子選手をアイドル扱いし、大きく取り上げる傾向がある。これもメディアに見られるステレオタイプである。

(2) 佐伯選手の記事の背景にある価値観を読む

五つの連載記事の中から、佐伯美香選手の記事を取り上げる。それは、記事の背景に「ジェンダー・ステレオタイプ」が最も明確に読みとれるからである（ジェンダー＝「社会的・文化的に形成される性別。社会的性差」）。

a 連載タイトルを読む

まず、「ママ」に注目し、「母」「母親」「お母さん」と比較する。「ママ」には、「軽くやわらかい」「年齢が若い」等のイメージがある。外国人を取材しているので、欧米流の「ママ」を選んだとも言える。

また、「パパが挑む大舞台」は記事にならない。男子選手が子供を持った後に競技を続行するのは普通だからである。日本では女性が出産後に競技を続けることは普通ではない。だから、「ママが挑む大舞台」が記事になる。

b　見出し・本文を読む

まず、記事全体に強調されているのは、復帰を促したのが夫であることである。確かに、「半年くらいでもう試合に出たくなった」と語るように、復帰は本人の意思であるという側面もあろう。しかし、「公彦さんの勧めもあって03年に現役に復帰」だけでなく、「公彦さんは復帰を促した理由をこう語る」と、促した理由まで夫に語らせている。加えて、「夫の勧め3度目狙う」との見出し。本人の主体性よりも、「夫の勧め」が主である。「一年のうち約9カ月間」「ほぼ一人で健太君の面倒を見」て、「不平を言わない」夫の人格者ぶりも際立っている。

一方、佐伯本人はどう描かれているか。先に見たとおり、五年以上、四日に三日は家を空け、子どもの面倒を夫に任せている。それを、佐伯本人は、「家庭を放棄してきたようなもの」と発言している。もちろん、本人の発言にはいくぶんかの謙遜が含まれているのだろう。しかし、記事の編集者がその発言を最後に置くのは、それを強調したいとの狙いがあるからではないか。つまり、今度の五輪を最後に「家庭放棄」を反省し、「今までの分を取り返したい」というわけである。それは佐伯が母親としてあるべき立場に戻ることをも意味する。佐伯の態度が「恥ずかしそうに笑った」「優しい口調で語った」と、女性であることを意識した書かれ方になっていることも、佐伯が夫に依存する女性であることの強調か。

次に、選択されなかった事実はないかという視点から、佐伯が五輪を狙う実力を維持できている背景にある努力や工夫が全く描かれていないことが読める。一般に、高齢選手が実力を維持するためには、遠征費用、体力維持、パートナーとの相性、戦略等々が必要であろう。しかし、記事はこれらのことには一言も触れず、全てが「夫の支え」であるかのように描いている。意図的な選択である。

3　授業の全体構想（全2時間）

一　分析シートの作成（第1限）

二種類の分析シートを配布し、作業にとりくませる。一枚目は、全連載記事を対象に、「見出し」「種目」「氏名」「国籍」「年齢」「競技実績」「競技面以外の本人の特徴」の項目で一覧表にしたシート。二枚目は、佐伯選手の記事を対象に、本人・夫・子どもを「人物の描かれ方①発言（内容・分量）」「人物の描かれ方②（描写のされ方、繰り返されていること、強調されていることなど）」等の項目で一覧表にしたシートである。班に分けて作業をさせる。やりきれなかった分は、宿題とする。

二　記事の読みとり（第2限）

分析シートを元に、班での話し合いと全体討論の形態で教材を吟味する。授業後に、八〇〇字以内の小論文を課題として提起する。授業記録は第2限の後半である。

4　授業記録と授業者自身によるコメント

二〇〇八年五月二三日（金）二限目に立命館宇治高等学校3年1組（女子二四名、男子七名、計三一名）で行った授業の記録である。枠内は授業についての岩崎自身によるコメントである。

教師①　今日は新聞記事、メディアを読む。メディアを読む際に注意すべき点が二つある。メディアは？

子ども　構成されている。

教師②　そうですね。（カードを貼る）メディアは構成されている。つまり、新聞記事は編集した人によって構成されている。二つめは？

子ども　価値観を伝える。

教師③　そうですね。（カードを貼る）構成されているっていうのは、言いかえればそこには価値観、ものの見方・考え方がある。これは良いとか悪いとかじゃない。今日は、ちょうどオリンピック前なので、この記事をやりたい。二つ、やります。まず、この連載記事全体を見て、なぜこの五人が選ばれたのかっていうのが一つ。もう一つ、佐伯選手の記事に焦点を絞って、この記事の背景にある価値観を探ってみたい。

> 以前、新聞記事の比較読みを行った際に、メディアの二つの特徴を学習した。それをカードにして、繰り返し使用するのがスキル定着の上で有効である。（一つめの課題に関わる授業展開は割愛）

教師④　では、次行きます。佐伯選手の記事を見て、その背景にある見方・価値観を考えたいと思うんだけど、見るポイントとしては、連載タイトル、見出し、記事の内容、分析シートに書いた目の付けどころに沿って、もう一回話し合いをして下さい。ここにはどういうものの見方があるか。では三分間、はい、始め。

班で話し合い。教師は班の様子を見て、適宜、声をかける。「人物の描かれ方や、見出しの言葉に注目しよう」「逆の見方ができない？」「それはどの言葉からそう感じたの？」等の助言を与えた。

教師⑤　ハイ、やめ。まず、こう感じたというのがある場合は、どの言葉でそう感じたのか。どういう書かれ方でそう感じたのか。書かれている内容、分量など、いろんな要素から。まず、目の付けどころは、これだけ見ます。連載タイトルと、この記事の見出し。この言葉の使い方から読めることは、何でしょう。「ママが挑む大舞台」から。どんなことが読みとれる？（中略）
教師⑥　「夫の勧め三度目狙う」、どこがポイント？
子ども　「夫の勧め」
教師⑦　何で？
子ども　その人が……。
教師⑧　「三度目狙う」ってのは復帰したってことやな。「夫の勧めで」見出しというのは、記事の最もイイタイコトを短くまとめたものですね。夫の勧めなんだということが言いたいんです、この記事は。夫の勧めなんだということを裏返したら？
子ども　バックアップ。
教師⑨　うん、家族がバックアップしてるのもあるし。
子ども　夫がいい人。
教師⑩　夫がいい人ってのもあるし？
子ども　自分がやろうと思ってない。
教師⑪　自分がやろうと思っていない。ま、極端に言ったらですよ。このタイトルだけ見たら、本人の主体性よりも、周りに支えられてやっているというニュアンスが感じられますね。じゃ、中身を確認していきます。中身どうですか。例えば、復帰は夫の勧めとありましたが、それだけですか？記事から読めることは？
子ども　夢が叶ったから……。
教師⑫　「もう試合に出たくなった」と本人の意思であ

ることを言ってます。じゃあ、「夫の勧め」であるところは何カ所言われてる？

子ども　[3]段落。

教師⑬　[3]段落に「勧めもあって」とある。これだけ？

子ども　[4]段落。

教師⑭　そうですね。そうすると結局、本人の意思なのか、旦那の勧めなのか、どっちが強いかって言うと？

子ども　旦那の方。

教師⑮　なぜか？　本人の意思は一箇所しかない。旦那の薦めは二箇所ある。しかも、理由まで言われてる。

子ども　でも、「引退を選んだことを後悔している」は、自分の意思だったということじゃないんですか？

教師⑯　そうですね。「引退を選んだことを後悔」っていうのはありますよ。ただ、復帰について、理由まで言っているんですよ、これだけね。しかもこの見出しですよ。どう見ても、本人の意思もあるけど、夫の勧めなんだということを強く言いたいという、考え方がここに出てる。これは言えると思うんですね。じゃあ、夫はどう評価されていますか？　この記事の中で。

子ども　めっちゃ、いい人。

教師⑰　特にどこ？

子ども　「公彦さんがほぼ一人で健太君の面倒を見る」

教師⑱　どのくらいの期間？

子ども　九ヶ月。六年。

教師⑲　九ヶ月。しかも六年。これ考えてみたらすごいことですね。だって子ども何歳か？

子ども　五歳。あれっ？

教師⑳　六年目なんですよ。ということは、生まれた時からずっと面倒見てるってことなんです。

子ども　すごーい。

教師㉑　四日のうち三日間も家空けるんです。そら、もう、この夫はすごい人だと。まさに人格者である。と言わんばかりの表現ですよね。（中略）公彦さんの、夫のすごさがかなり強調されている。しかも夫が勧めてるんですね。じゃあ、妻は、どう描かれてる？

子ども　感謝している。

教師㉒　夫に感謝している。なら、子育てを夫に任せていることをどう表現している？

子ども　「家庭を放棄してきたようなもの」

教師㉓　うん。もちろん、この「家庭放棄」は本人が使っている言葉ですからね、謙遜があるかもしれないね。じゃあ、本人の言葉だからこれはどうでもいいのかってことなんです。これ、最後の段落でしょ。最後の段落はどういう意味を持つ？

子ども　締めくくり。イイタイコトを言う。

教師㉔　うん、イイタイコトが最後に来るよね。そうすると、最後にこのセリフを、編集した人が持ってきてるんです。「家庭放棄」と本人が言った言葉を捉えてね。（中略）佐伯は女性であって、母親であって、家庭放棄している。こんだけ家空けて、人格者である旦那の支えによって、スポーツができてるんだと。他に、佐伯本人の表現で注目したところない？繰り返し表現されていることで。佐伯の態度、何か傾向ない？

子ども　「恥ずかしそうに笑った」「優しい口調」

教師㉕　これ別に、「言った」だけでいいやんか。「笑った」だけでいいやんか。「恥ずかしそうに笑った」り、「優しい口調」で言うってのは、何を意味するの？

子ども　女らしい。

この辺りはかなり誘導的になっている。約二五分で佐伯選手の記事を分析していくという都合上、仕方ない面もあるが、指導言「教師4」で最初から、「佐伯本人と夫の描かれ方を比べてみよう」と、焦点化を促した方が子どもは考えやすかったかもしれない。

教師㉖　女らしさやな、これ。（板書）例えばな、「強い口調で語った」としてもいいやん。でも、やっぱり佐伯は女性だと。女性にもかかわらず家庭を放棄して、人格者の夫に子どもを預けてやらしてるんだっていう、これ悪く見たらですが、そういうニュアンスがある。さあ、そこで、これを仮の話でね、夫婦の立場を入れ替えてみる。するとどういう記事ができるか、架空の記事を考えてみました。（貼り出す）こういう記事ができます。読んでみます。「パパが挑む大舞台。妻の勧め三度目狙う。ビーチバレー福井公彦。北京で三度目の五輪出場を狙うビーチバレー男子の福井公彦は恥ずかしそうに笑った。（笑い）一年のうち約九カ月間、妻の美香さんと五歳の健太君を松山市内の自宅に残しての競技生活は六年目だ。（中略）」これ記事になるかな。

子ども　（一同）ならない。

教師㉗　なぜならないんですか？（中略）

子ども　奥さんが、子どもの面倒を見るのも、家のことをやるのも、当たり前。

教師㉘　うん、当たり前って、僕らの感覚にあるわな。しかもね、この人は、美香さんに復帰を促されている。「なんやこの福井は！嫁さんの勧めでやっとんのか！」と。「お前の意思ちゃうんかい！」ってね。情けない記事になってしまいます。というのは、我々の中にそういう見方があるってことなんや。つまり、男というものは外で戦う。家族のために戦う。女というものは、家族を守り、夫を支えるっていう考え方があるんですね。男の役割、女の役割ってことでね。あるんです、世間一般に。それにうまく乗ってるんです、この記事は。こういう考え方を何と言いますか？

子ども　ステレオタイプ。

教師㉙　ステレオタイプなんだけど、男女の性的役割。

子ども　男女差別。

教師㉚　それ英語で。

子ども　ジェンダー。

教師㉛　ジェンダーですね。要するに、社会的・文化的な性差、男女の差をジェンダーって言うんですね。で、そういうジェンダーの見方で、決まり切った見方を、「ジェンダー・ステレオタイプ」と呼ぶんです。（中略）

教師㉜　じゃあ、何でメディアにはこういう価値観があるのか。（中略）なんで、こういう記事にあるのかっていうと、こういうジェンダー・ステレオタイプが、スポーツの記事にあるのかっていうと、このNHK新書の中で、『スポーツニュースは恐い』という本がある。その中で、歴史的理由をこの著者が述べています。なぜかっていうと、スポーツはもともと男だけのものやったんです。最初のオリンピックは、女性は参加できなかった。第二回目で参加できるようになったんですけど、千人のうち二十人しか女性はいなかったんです。そもそも

スポーツっていうのは、より強く、より速く、より高くっていうのが、スポーツのスローガンでね。男らしさを発揮する絶好のチャンスなんです。女性は、より強く、より速く、より高くなる必要はない。こういうのが、歴史的にあるっていう分析がされています。

教師㉝ まとめると、みなさんがこれから、こういう新聞記事を読むときにね、ここに注目して欲しい。（カードを貼る）「選択された事実は適切なのか」ってこと。選択されない事実もある。最初に言いました、「メディアは構成されている」ね。事実の選択によって、価値観を伝える。その「価値観は適切なのか」といった目でニュースを見て欲しいと思うんです。（中略）新聞記事を含めて、文章は全てそうですから。これから何か文章を読むときは、その「事実選択は適切か」「価値観は適切か」って考えて下さい。（チャイム）ということで、終わりにしたいと思います

5　「書くこと」につなげる事後指導

授業をふまえて、佐伯選手の記事に対する批評を八〇〇字以内の小論文にまとめさせる。この記事に対して、「好ましいか、好ましくないか」の立場を明確にして論述するよう指導する。通常は授業で取り上げた論点を整理して、「好ましくない」立場から批判的に論じることになる。ただし、自説に反する意見を「確かに、……しかし、……」という譲歩の論理を用いて俎上に載せることを条件とする。つまり、この記事を「好ましい」という立場で論じてもかまわないが、その場合でも授業で読みとった批判的視点に触れることが必要となるのである。

さらに、同じジェンダー・ステレオタイプで書かれた記事を探し出し、分析させるという課題も考えられる。ただし、かなり高度な力が要求されるため、その場合は個人の発展課題や長期休暇中の課題とする。

注

（1）鈴木みどり編『Study Guide メディア・リテラシー【ジェンダー編】』二〇〇三年、リベルタ出版

（2）阿部昇『文章吟味力を鍛える―教科書・メディア・総合の吟味』二〇〇三年、明治図書

（3）森田浩之『スポーツニュースは恐い　刷り込まれる〈日本人〉』二〇〇二年、ＮＨＫ出版生活人新書

1　この教材を使えば中学校―説明的文章の「論理」「吟味」指導は大丈夫
――「平和を築く」（荒巻裕）の論理の解釈と吟味

加納一志（東京都多摩市立多摩中学校）

1　教材「平和を築く」の問題点と教材開発の意義

取り上げたのは、三省堂中学3年の説明的文章教材「平和を築く」（二〇〇六年度版）である。この教材及び指導書の扱いにはいくつかの問題点がある。筆者の意図を伝え説得するための語彙使用（「思いやり」など）と論理に吟味の必要性がある。にもかかわらず、なぜこの教材を扱うのか。

私は、多くの説明的文章教材の中で、論理や段落関係をみごとに教えられ、さらには思考力を育てられる的確で典型的な教材は決して多くはないと考えている。だから、その条件の中で、さまざまな教材を使って〝どのような力〟を〝どのような方法〟で教えられるかということを工夫し開発していくことが、今の日本の国語教師に求められていると考える。

活字になったものやメディアによって発信されたものは、すべてが真実であり正義であると考えがちな若者たちに、吟味・検証しながら自己判断できる読解力をこそ、育てるべき力であると考える。今回は次に示すような力を育てるための教材分析及び実践例を紹介する。

> 筆者の論理（考えの筋道と意図）を「解釈」したうえで主体的に「評価」「吟味」しながら読む力。さらには、表現や論理の問題点を考慮に入れたうえで、本文の一部を書き換えることができる力。

2　平和を築く授業の新展開(1)

第1時　漢字や語彙の学習及び作品全体の構造を読

み取る。この「平和を築く」には本文全体を包括する導入部分はない。全体が三つの部分からなり、それぞれに前文・本文・後文が存在する。いかにも文章全体を包括するかのように書きだされた第1段落の問題提起や全体の導入部のごとく書かれた第2～4段落が、本文全体を包括しているわけではないことに構造上の読み取りで気づかせていく必要がある。

1～10 カンボジア難民取材での体験Ⅰ

11～14 カンボジア難民取材での体験Ⅱ

15～19 体験からの新提案（「戦争と平和の定義」）

第2時・第3時 第1時は、文章全体の構造上の吟味を進めたが、第2時では、記述された事実または用語と筆者の意図との関係を吟味する読みの指導を中心とした。第1～10段落の読み取りで展開するのは、形式的な段落相互の関係の読み取り（コーンちゃんは「思いやり」があるなどという読解）を越えた、筆者の意図や説得の技術の吟味である。

教科書本文の第1段落～第10段落を紹介する。

1 人は、いったい、他者に対してどこまで思いやりをもてる存在なのか？

2 わたしが、そのことを大きな驚きの中で教えられたのは、タイ、カンボジア国境の戦場でした。

3 一九八〇年六月、ジャーナリストとして、タイ国境に逃れたカンボジア難民の取材にあたっていたわたしは、突然、戦闘に巻き込まれました。大砲の砲弾がうなりを立てて頭上を飛び交い、炸裂するたびに地響きがする。機関銃の発射音もだんだん迫ってくる。足もとからは大地を揺るがす砲弾の地響きが全身を凍らせるようにはい上がってきました。

4 逃げなければ、死んでしまう。怖さのあまりに体はこわばり、どうすれば戦場から脱出できるかとの思いに駆られましたが、かろうじて踏みとどまれたのは、前日出会ったばかりの、カンボジア難民の幼女の姿がとっさによみがえってきたからでした。

5 コーンちゃんという三歳のその女の子は、国境線上のノンチャンに設けられた難民キャンプの、重度栄養失調の子どもばかりを収容したテントの中にいました。竹を組んで急ごしらえしたベッドの上では、手足は枯れ木のようにやせ衰えているのに、重い栄養失調の特徴でおなかだけは異様にふくれ上がっている五歳以下の子どもが、四十人近く手当てを受けていました。わたしが病室代わりのテントを訪ねたときは、ちょうど一日一回の食事どきで、子どもたちは、アルミの食器に入れてもらったおかゆをがつがつとすすっているところでした。

[6]すると、早めに自分のおかゆを食べてしまった二歳くらいの男の子が、竹ベッドから降りてコーンちゃんのほうにやってきました。やってくるといっても、その子も自分の足では歩けないほどやせこけていて、ベッドからベッドへ約五メートルほどを伝い歩きして近づいてきたのです。

[7]いったい、何が始まるのだろう。ぼんやり見守っていると、コーンちゃんが手ですくったおかゆを、ひょいと男の子の口もとに近づけ、食べさせてやったのです。

[8]これには度肝を抜かれました。同行していた写真記者は、慌ててシャッターを切りました。自らも重い栄養失調であり、しかも乏しい食事を、わずか三歳の幼い子どもが他人に分けてやる。難民キャンプという、一つの極限状況の中で、たった三つの子どもが他人への思いやりを失わずにいる。

[9]「もし自分が同じ境遇におかれていたら、分けてやるだろうか。きっとできないだろうな。」わたしと写真記者は、そうことばを交わしつつ、人間には本来的に他者への思いやりがあることを、きらりと光るようにかいま見せられ、驚きそして感銘を受けたのでした。

[10]しかし、戦闘の合間を縫って再訪したノンチャン—キャンプは破壊され、必死に探し回っても、二度とコーンちゃんには会えませんでした。からっぽになったテントの近くにあるのは戦死した兵士の遺体ばかりで、そばに近づくと、無数のはえがうなりをたてて飛び立って、わたしたちの体に止まり、白い服が真っ黒になったほどでした。

子どもたちは「コーンちゃん」が「思いやり」のある人物であるという読み取りに流れがちである。果たしてコーンちゃんは「思いやり」があるという言い方、認識の仕方でいいのだろうか。まず「思いやり」という語がどのような概念を表すかを吟味してみる必要がある。『広辞苑』には「①思いやること　想像　②気のつくこと　思慮　③自分の身に比べて、人の身について思うこと。相手の立場や気持ちを理解しようとする心。」とある。また、『日本国語大辞典』は「①推察・想像・思慮・分別　②人の身の上や心情についての察し。同情すること。また、その気持ち」としている。

難民キャンプ内の「重度栄養失調」「乏しい食事（一日一回の食事）」という「極限状況」の中であること、おかゆを与えたコーンちゃんが「三歳」であり、与えられた男の子が「二歳くらい」であることなどを考えると、「思いやり」という言葉がこの出来事を十全に言い表しているとはいえないことがわかってくる。

筆者が第1段落で使用した「思いやり」という語は、第9段落で人間の「本来的に他者への思いやりがある」という表現に変わっている。この筆者の論理や用語・表現の揺れを読み取りながら、吟味・批判ができ、さらには筆者が書いた文章表現を書き換えるという力を育てたい。そのためには、第1時で扱った構造の読み取りの上に、形式段落相互の関係から浮上する柱となる文・段落（私は「骨」の文・段落と呼ぶ）を読み取り、その上で「骨」（＝形式論理）を補う必要かつ主要な「肉」（形式論理を補填する実質論理・筆者の意図）を読み取る必要がある。そして、それらを前提として使用語彙や事実または筆者の論理を吟味していく読みを展開させていくのである。情報の取り出しのみの読解から情報相互を関連づけられる読解力へと変えていきたいのだ。さらには、子どもたちが情報をインプットするだけでなく、よりよい表現や文章に書き換える力へと国語授業を改革していきたいのだ。

以下、多摩中学校で行った授業を紹介する。

教師　筆者は「思いやり」をもっているのは誰だと書いていますか？

子ども　コーンちゃん。

教師　コーンちゃんは本当に思いやりがあったと言っていいのかな？

子ども　………？

子ども　本文にそう書いてあるよ

教師　確かめてみよう。

《板書》

思いやり＝自分の身に比べて相手の立場や気持ちを理解しようとする心。

[1] 人は、どこまで[思いやり]をもてる存在なのか？
[2] 教えられたのは、タイ、カンボジア国境の戦場
[3] 突然、戦闘に巻き込まれ
[4] ふみとどまれたのは幼女の姿がよみがえったから
[5] コーンちゃん　[三歳]
[6] 男の子　[二歳くらい]
[7] おかゆを食べさせてやった
[重度栄養失調＋乏しい食事（一日一回）]
[8] 度肝を抜かれる＝極限状況で思いやり失わずにいる
[9] 人間には本来的に他者への[思いやり]がある→感銘

10二度とコーンちゃんに会えず

※□＝吟味による「肉」づけ部分

教師　8段落に「難民キャンプという、一つの極限状況」とあるけど具体的には何かな。

子ども　重度の栄養失調と乏しい食事

教師　コーンちゃんとおかゆをあげた男の子は何歳？

子ども　コーンちゃんは三歳。男の子は二歳くらい。

教師　本当にコーンちゃんは「思いやり」があったの？

子ども　………？（子どもたちは「思いやり」という表現に違和感を持ちはじめる。）。

教師　三歳のコーンちゃんがもっていたものを表す「思いやり」という語を別の言葉に書き換えてみよう。

★生徒の書き換え例

「他者を守ろうとする人間の本能的性質」

「仲間を守るための動物的本能」

2　「平和を築く」授業の新展開（2）

次は本文第11段落～第14段落である。（第15段落～19段落は本稿では省略）

11その戦場で、わたしたちはもう一つ、大きな驚きに出会いました。戦闘が始まったとき、ほとんどの難民は、なべとコメとくわを持って避難してきました。なべとコメは命の綱、つまりどんな事態に直面しようとも生きぬいていくには、コメをなべで炊いて食いつながなければならない。くわは、たとえ一センチでも深く穴を掘って身を潜め、飛び交う砲弾や銃弾からわが子や家族を守る貴重な道具でした。

12ところが、逃げ惑う難民の中に、看護師になるための教科書だけを抱えている女性がいたのです。十五歳の妹の手を引いて戦場を脱出してきた、カンニーと名のる二十二歳の姉でした。

13彼女の父は、首都プノンペンで学校の教師をしていましたが、戦争の混乱の中で行方がわからなくなってしまいました。母もタイ国境へ逃げる途中、飢えと疲れと病とが重なって死に、姉妹二人っきりになっていました。

14「いつ勉強できるか、わたしにもわからない。でも、いつかきっと看護師になれる日が来ると信じたい。」戦闘のまっただ中という極限状況でカンニーさんが見せてくれたのも、人間のもつ心のすばらしさであったといえるでしょう。

教師　カンニーさんの心のすばらしさとはどういうもの？

子ども　………？

教師　カンニーさんの「極限状況」を再現してみよう。あと一時間で戦争が始まります。あなたは学校から家に帰され家族と逃げます。次の中から家族とあなたを守るための物を五個だけカバンに詰められる。優先する物に①～⑤の番号を書きなさい。缶詰・水・お米・家の鍵・タオル・着替え・寝袋・お金・パスポート・学生証（身分証明）・家族の写真・懐中電灯・ラジオ・携帯電話・毛布・携帯コンロ・好きな本やマンガ・地図・薬（優先順位は食糧など生活必需品ほど高くなる。）

教師　カンニーさんの「極限状況」とは具体的に何？

子ども　飛び交う砲弾や銃弾

子ども　父母がなくて妹と二人

教師　妹の手を引く極限状況で看護師になるための教科書だけを持って逃げたカンニーさんをどう思う？

子ども　マイナスに考えれば妹を考えないひどい姉かな？

子ども　教科書だけを持ち出せば衣食住はどこかに頼れるものがあったのではないの。

子ども　飢えと病と死の恐怖の極限状況と書いてあるから、プラスに考えれば他に持ち出す食糧や道具が身の回りになく、教科書だけしかなかったのではないかな。

子ども　「人間のもつ心のすばらしさ」と書くなら、カンニーさんに関する情報が本文中にもっと必要だね。

教師　命や健康を第一に考えたり家族や自分の命を守ることとは自分の希望や夢をかなえることとは二者択一ではない。カンニーさんが本当の極限状況にあったかは本文中では確かめられない。本文に書かれた情報からだけで人間の心のすばらしさと断定することはできないね。

子どもが自らの身にあてはめ、経験に照らし合わせながら筆者の意図を批評し吟味していくことこそ、「科学的」「論理的」に読む力につながる。「思いやりの具体例はコーンちゃん」「人間のもつ心のすばらしさの具体例はカンニーさん」という情報を取り出すだけの段階を越え、情報と情報を関連付けたり、経験と照らし合わせたりしながら与えられた情報を吟味・評価し、「教科書の本文は、根拠が不足している」と子ども自らが発見できる科学的読解レベルの実践が待たれているのだ。

2　この教材を使えば小学校―説明的文章の「吟味」「評価」指導は大丈夫

――「森を育てる炭作り」（岸本貞吉）を吟味し評価する

高橋喜代治（成蹊大学）

1　吟味で見えてくる疑問

子どもたちが文章を吟味することで、よりいっそう対象とする文章の内容や書かれ方が分かり見えてくる。そういう学びで子どもたちは説明的文章の学習が楽しくなる。また、それは書くことの指導にも生きてくる。「森を育てる炭作り」（岸本貞吉）（教育出版『小学国語5（下）』二〇〇五年版）は、吟味がし易くこのような学びのためにはうってつけの教材と言える。

木炭が今でも私たちの生活に役だっているだけでなく、実はその伝統的な炭作りの技術は同時に「森を育てる」ためにも役だってきた。しかもインドネシアのある村の「森の環境を守りながら、なんとか農業が続けられる」方法にも役だっているというなんともすばらしい話である。自然との共生や生命の循環、倫理がグローバルな問題として人類的な課題となっている今日、日本の伝統的な炭作りが実は世界的価値や意味を持ち貢献できるという説明は、子どもたちに自然や伝統を考えさせるうえで意義深いものがある。

しかし、「炭作り」という現代の子どもたちの生活に遠い問題をどうするか、ということもある。著者は、実は「炭」は私たちの生活に身近なところで役だっていることを具体的に例を示し述べている。また、合わせて一二枚の写真と図を掲載して興味と理解を図っている。そういう工夫も文章評価として学習させたい。

ところで、このすばらしい話も「事柄相互にズレはないか」という吟味の指標を当ててみると、いくつかの大事な疑問が浮かび上がってくる。その点を子どもたちに吟味し考えさせたい。そのような文章の善し悪しに切り込むクリティカルな吟味は、ＰＩＳＡ型「読解力」などでも未だ不十分な部分だと言える。

２「森を育てる炭作り」の構造分析と論理

「森を育てる炭作り」は第１段落から第15段落までの一五の段落から成っている。三部構造の指標で分析すると次のようになる。（以下、□は段落番号を示す。）

前文　なし

本文Ⅰ　[1] [2] [3] [4]
〈要約〉　炭は今でも、形を変えて、さまざまなところで使われている。

本文Ⅱ　[5] [6] [7]
〈要約〉　炭作りは、森を育てるためにも役立ってきた。炭を作りながら同時に森を保全するのが、日本の炭焼き技術だった。

本文Ⅲ　[8] [9] [10] [11] [12] [13] [14]
〈要約〉　日本の炭焼き技術が、海外の人々の役にたち再び見直されている。

後文　[15]
〈要約〉　人間のほうから自然にはたらきかけることで、ともに生きていくこともできる。

文章全体に関わる問題提示（問い）がないので前文はないと読める。[1]～[4]は、炭が昔だけでなく形は変えているが今でも活性炭などで使われていることを説明していて本文Ⅰである。

その炭作りは、木を切るにもかかわらず、実は森を育てるためにも役だってきたという。[5]～[7]では、日本の農業と森と炭作りの関係、木を切ることの意味が説明され、「炭を作りながら同時に森を保全するのが、日本の炭焼き技術」だとまとめる。ここが本文Ⅱである。

本文Ⅱの「炭を作りながら同時に森を保全する」日本の炭焼き技術が、海外で役だって再び見直されているという。その役立っている様子が、[8]～[14]でインドネシアのトホ＝イリル村を例に述べられている。ここが本文Ⅲである。

後文は15で、人間は自然からめぐみを受けるばかりでなく「人間の方から自然にはたらきかけることで、ともに生きていくこともできる」と、炭作りを通した筆者の考えが述べられる。

3 日本の炭焼き技術の役立ち型を吟味する

本文Ⅲの8では次のように述べられている。（以下、傍線は高橋による。）

日本でもわすれられ始めているこの技術が、海外の人々の役に立ったことで再び見直されています。

「この技術」とは7の⑤文にある「炭を作りながら同時に森を保全する」炭焼き技術である。具体的には、6 7に次のように述べられている。

かつて、日本のあちこちには、くぬぎ、なら、かしわなどが生えている森がありました。人々は、そこの木や枝を切ってまきや炭にしたり、下草をかり、落ち葉を集めて田畑に使う肥料を作ったりしていました。一見、森をはかいしているようなこれらの作業は、実は、森を育てるためにも役立つことだったのです。

（6の②文）

木を切ることによって、その切りかぶからは新しい芽が育ち、森がわか返ります。また、適度に枝を切ったり、下草をかったり、落ち葉を集めたりすることは、木々や芽に対する光の当たりぐあいを調節し、その成長を助けます。炭焼きをする人々は必要以上に木を切ることはしません。木を切るときは、何十年も先のことを考えて切り、切りかぶから出た芽を大切に育ててきました。このごろは、しだいに手入れの行きとどかない森も見られるようになりましたが、本来、このように炭を作りながら同時に森を保全するのが、日本の炭焼き技術だったのです。

（7の①②③④文）

整理すれば、炭を作りながら同時に森を育てるということは、次の二点である。

①森の木を切って、まきや炭にするが、同時に下草をかったり、落ち葉をあつめたりして、成長を助ける。

②炭焼きのための木は必要以上は切らないで何十年も先

を考え計画的に切る。

この技術がトホ＝イリル村ではどう役に立っているかが本文Ⅲに述べられているはずだ。ところが、無計画な焼き畑の結果、森がすがたを消し始めたこの村で、一九九四年から、海外で炭焼きを広める活動をしている日本のボランティアが行ったことは次の三つである。

(1)炭焼きに適した木として、身近にあったラバンという木を選び、育てた。（ラバンは曲がっていて燃えにくく建築材としてまきとしても不向きだが成長が早い。）⑫⑬

(2)村には炭焼きがかま用の高温に耐えられる粘土がなくかまの天じょうに鉄板を使った。その結果、良質の炭が製造できるようになり、バーベキュー用に輸出できた。⑭

(3)炭を使って土を改良する方法も開発した。その結果、農作物のしゅうかく量がずっと増えた。⑮

日本の炭作りは「炭を作りながら同時に森を育てる」はずではなかったのか。それが海外で役に立っているのではなかったのか。だから、論理展開では焼き畑で失われた村の森が、日本の炭焼き技術「作りながら育てる」で再生される話が例を挙げて述べられなければならない。(1)から(3)のうち、(2)はまるで関係がない。(1)について、⑬では次のように述べられている。

ラバンは、形が曲がっているものが多く、建築材としてはほとんど役に立ちません。また、燃えにくいので、まきなどの燃料に向いていません。そのため、長い間村人から見向きもされない木でした。しかし、比較的成長が早く、なえ木を植えてから五年で十センチメートルほどの太さになるので、炭の材料には適しています。日本で炭の材料としてよく使われるくぬぎが、十年以上たたないと炭にできないことに比べると、効率よく利用できます。そこで、炭焼き用にラバンのなえを育てることにしました。

ラバンが炭を焼くのに適していること、さらに村にとっては無用の木であることは説明されている。また、苗を育てることも書かれている。しかし肝心の焼畑で失われた森を「切りながら育てる」話には一向につながらないのである。

(3)は、土壌を改良したことが広い意味で日本の循環型農業に関係するがこの文章の趣旨ではない。

4　吟味の授業シミュレーション

教師①　8で筆者は「この技術が海外の人々の役に立ったことで再び見直されています。」と述べていますね。ところで「この技術」とは何ですか？

子ども全　炭を作りながら同時に森を保全する、ということです。

教師②　具体的には？

子ども　森の木を切って、炭やまきにするが、下草をかったりして、木を育てるということです。

子ども　炭焼きの木は必要以上に切らないで、計画的に切るということです。

教師③　そうでしたね。本文Ⅱの学習でそう読みましたね。本文Ⅲでは、インドネシアのトホ＝イリル村での炭焼きの話が述べられていますが、「炭を作りながら同時に森を保全する」という観点で読むと、変な点はありませんか？

子ども全　？

子ども　どういうことですか？

教師④「炭を作りながら同時に森を育てる」ということとズレはないかということです。例えば、12と13段落では炭焼きにラバンを選んだとありますが、これは「炭を作りながら森を保全する」ことと、どう関係しますか？

子ども　「村人から見向きもされない木でした」とあって、それを育てて炭にしたのだから、「炭を作りながら森を保全した」ことになるんじゃないですか。

子ども　でも、それが焼き畑で消えていく森とどういう関係なのかが、分からないから違うと思います。

教師⑤　どういうこと？

子ども　課題になっているのはこの村の焼き畑のためにすがたを消し始めた森をどうするか、ということです。だから、そのこととの関係が書いてないとよくわかりません。

教師⑥　では、なぜラバンという木を選んだの

子ども　建築材としても、まきとしても役にたたない。

子ども　比較的早く成長する。

教師⑦　そうだね。ということは、森の保全というよりは？

子ども全　村の中で、炭に適しているかどうか

教師⑧　焼き畑で消えていく森を育てることにはなりそうもないよね。だから、「炭を作りながら森を育てる」という日本の技術とは？

子ども全　つながらない。

教師⑨　そうだね。ずれていると言えそうだね。では、炭焼きがまを作る工夫の話は？

子ども全　ほとんど関係ない

教師⑩　でも、炭焼きの技術の中に、炭焼きがまのことも入るのでは？

子ども　入ったとしても、ここで問題になっている技術というのは「炭を作りながら森を保全する」ということじゃないんですか？

教師⑪　その通りだね。だから、ここで本来述べることとは、ずれているといえそうだね。

5　書かれ方のよさの検討

実際は(3)の炭による土壌改良の説明まで吟味するが、紙幅の関係で省略する。吟味の学習の後では、なぜ筆者はこのような書き方をしたのかを類推させることが大事だ。例えば(1)「この技術」というのは、炭焼きだけの技術のことで書いているのでは、とか、(2)日本と自然条件の違う所では同じような条件がなかったからではないか等々。また、吟味で出された疑問を発展学習につなげることが学びとして大事である。いずれにしろ、「事柄相互にずれはないか」という吟味の観点で文章を検討することで見えてくることである。ただし、高学年とはいえ小学校の段階では知識や経験に乏しいこともあり、吟味の学習では「事柄相互のずれ」ということではなく「へんなところない？」とか「前と後ではずれがあるんだがここかな？」などの質問の仕方の工夫が必要である。

吟味は文章の書かれ方を論理や事実と照らし合わせながら考え身につけるメタ認知的な学習である。その意味で、論理展開や言葉、図表などの書かれ方のよさについても検討すべきだが、紙幅の関係上述べきれなかったことをお詫びしたい。

3　この教材を使えば中学校―説明的文章の「吟味」「評価」指導は大丈夫
――「動物の睡眠と暮らし」（加藤由子）の文章吟味

杉山明信（茨城県・茗溪学園中学校高等学校）

1　教材の紹介

ここで紹介する教材は「動物の睡眠と暮らし」（加藤由子）（教育出版『中学国語1』二〇〇六年度版）である。この教材は、教科書ページにして六ページ（うち三ページに写真あり）、一六の段落、文字数約二二〇〇字の、比較的短めの文章である。仮説らしい仮説はないので、説明文と考えられる。文章の終盤に筆者の主張が無いわけではないが、その論証が述べられているわけではない。紙数の都合で、本文の一部を省略して掲載する。なお、指導対象学年は中1を想定しているが、この教材以前に、一、二本の平易な説明文の学習が必要であろう。

教材はつぎのとおりである。（段落番号□は、杉山がつけた。）

1　ナマケモノは、一日に約二十時間も眠る。コウモリも十九時間ぐらい眠っている。ヒトは約八時間眠り、ゾウやウマは二、三時間しか眠らない。動物たちの睡眠量は、生まれつき決まっている。さらにいうと、睡眠時間帯も決まっている。

2　まず、動物の睡眠量について考えてみよう。

3　動物の睡眠量を左右する大きな要因は、えさを食べるのに要する時間だといえる。草食動物と肉食動物の睡眠量を比較してみると、それがよくわかる。

4　草食動物は、大形になればなるほど、かなりの量を食べなければ体がもたない。ゆえに、大量に草を食べ続け、食事に多大な時間がかかり、暇な時間が少なく、睡眠時間が短くなる。ゾウもキリンもウシもヤギも、二、三時間しか眠らない。一方、肉食動物は、一気に獲物を倒し、がつがつと丸飲みしておしまいだ。食事に時間がかからない分だけ睡眠時間は長くなる。ライオンもジャガーもオオカミも十時間から十五時間は眠っている。

5 次に、ネズミを例に動物の睡眠時間帯について考えてみる。

6 （省略／ネズミの夜行性の例示）

7 これらの例からわかるように、動物の睡眠量と睡眠時間帯は、その動物の暮らしと密接につながっている。

8 また、動物の寝方も、その動物の暮らしと深くかかわっている。

9 （省略／草食動物と肉食動物の寝方の対比説明）

10 一般に、「寝たら危ない」暮らしをする動物の眠りは浅くて短く、「寝ても安全」な動物の眠りは深くて長い、という言い方もできる。

11 しかし、動物によっては、「寝ていなくては危ない」暮らしをするものもいる。一日、二十時間も眠るナマケモノがそうである。（省略／ナマケモノの例示）

12 さて最後に、サルの仲間である我々人間の、睡眠と暮らしとのつながりをみてみよう。

13 （省略／サルとヒトの睡眠の類似点の列挙）つまり、このことは、人間の睡眠量や睡眠時間帯、そして寝方も、動物としての習性であることを示している。

14 睡眠が、動物としての習性である以上、「いつ、どのくらい、どのように」寝るかは、体内時計に組み込まれているはずである。実際、つい最近まで我々人間も、その体内時計に従って暮らしていた。

15 ところが、それが急激に変化してきている。（省略／都会生活の説明）だが、我々の体自体は、依然として昔のままで変わっていない。ここ数十年という短期間で、動物の体が簡単に進化するはずがないからである。夜になると寝るようにできている我々が、いくら街が明るいからといって、夜に活動するのが自然とはいえない。どこかに無理があるはずなのである。

16 我々の体は、昼間に活動し、夜に七、八時間の睡眠をとってこそ、スムーズにはたらくようにできていることを忘れてはいけない。それぞれの動物が、それぞれ自分の体がスムーズにはたらくように暮らすこと、それが自然の仕組みに従うということなのである。

2 教材分析のポイントと吟味よみのねらい

この教材文章の吟味よみ指導に関わって、教材分析のポイントを次のように整理した。(1)、(2)は構造把握に関わる書かれ方についての吟味、(3)以降は記述内容についての吟味である。なお、本稿中の[1]、[2]などは段落番号、①、②などは段落中の文番号を表す。

(1)　[1]段落の位置付けと吟味よみ

[1]の柱の文は④と⑤であろう。④の睡眠量については[1]~[4]で詳しく述べられ、⑤の睡眠時間帯については[5]~[6]でネズミを例に説明されている。そして[7]でその両者をまとめて述べているのだ。

つまり、[1]~[7]のトピックは、動物の睡眠量と睡眠時間帯の二つであり、[1]が提示の役割、[7]はまとめの役割を果たしており、[1]~[7]の柱の段落は[7]となる。

しかしここで疑問が生まれる。[1]の①~③は、ナマケモノ、コウモリ、ヒト、ゾウ、ウマといった動物たちの睡眠量をいきなり列挙している。具体的で多様な事例を並べる書き出しは、明らかに読者の興味を引こうとするものである。それに、動物の睡眠量と睡眠時間帯についての詳しい説明が始まるのは[2]以降なのだ。

だとすれば、[1]は導入の役割を持つ前文と考えることも可能ではないか。本文で述べられる内容を部分的に先取りして示し、読者をひきつけているのである。

以上、二つの異なる読解を示したが、私自身は[1]を本文と考える。[1]の持つ導入的性格よりも、[1]④⑤と[7]①との内容の重なりや包含関係を重視するからである。また、[1]①~③の内容は、やはり[1]④の例示なのだ。

以上のように、[1]の位置付けはわかりにくい。しかし、それを文章の弱点とは考えない。むしろ、いきなり本文が始まってしまう構造だからこその書き出しの工夫ととらえたい。導入的な書かれ方の利点は、段落の位置づけの曖昧さという欠点を上回ると解したい。

吟味よみは、必ずしも粗探しだけとは限らない。文章の工夫や優れた点もまた味わうのである。

(2)　[16]段落の位置付けと吟味よみ

[16]は、①で人間のこと、②では動物全体のことを述べている。この段落の主要なトピックが人間のことなら、柱は①で、②は付け足しとなろう。あるいは、動物全体についてのまとめが[16]の主要なトピックなら、①は②に包含されて柱は②となる。人間（ヒト）は多様な動物の

中のひとつと考えられるからである。

どちらの立場をとるかは、[16]を本文とするか後文とするかの判断を左右する。前者の立場なら[16]は本文と考えられ、後者の立場なら後文となろう。

私は次の二点の理由から[16]段落を後文と考えている。第一に、[16]段落だけを分析し、①と②との比較に徹すれば、柱は②となるからである。第二には、この文章の主要な話題が「人間の睡眠と暮らし」ではなく、題名にあるように「動物の睡眠と暮らし」だからである。

そうすると、[16]①は[15]の末尾に書かれるべき文である。本文三つめの話題のまとめの役割の[16]①と、文章全体のまとめの役割の[16]②とを同一の段落にすることは、「一段落にはひとつの話題」の原則から外れ、段落の役割を曖昧化してしまっている。

(3)　草食動物の体の大きさへの言及は不要

[4]の①に「草食動物は、大形になればなるほど、かなりの量を食べなければ体がもたない。」とあるが、ここで体の大きさを述べることは不要であるし、むしろ問題をややこしくしてしまう。[4]は、[3]の「草食動物と肉食動物の睡眠量を比較してみると、それがよくわかる。」を受けて、その「比較」の列示をする段落である。だとすれば、動物の体の大きさは捨象したほうがよい。

確かに体が大きいほど多くの食物を必要とする傾向はあるのだろう。しかし、体の大きさを問題にするなら、草食動物相互、あるいは、肉食動物相互の比較が必要だ。だが、[4]の役割はそれを述べることではない。

不要なことを述べて、しかもそれが不十分な内容だったら、二重に文章の弱点を抱えることになる。

動物の食餌時間は体の大きさだけでは決まらない。生きるのに必要な熱量は、体の大きさだけでなく運動量にも左右される。また、必要な熱量が食物の量に単純に比例するわけでもない。草と肉との一定量あたりの熱量の差はとても大きく、同じカロリーを摂取するのに必要な食物量は草のほうが肉の何倍も多い。さらに、草と肉との食べやすさ（飲み込みやすさや消化しやすさ）といった食物としての特性も、食餌の時間に影響するはずだ。

(4)　ナマケモノは草食動物だが二十時間も眠る

[4]では、草食動物が肉食動物に比べて睡眠量が少ない

ことが述べられている。そして11には、ナマケモノは木の葉を食べるとある。ところが、ナマケモノの睡眠量は、文中に登場するどの動物よりも多くて、二十時間も眠るとも書いてあるのだ。一見すると、4と11とは整合性のない内容である。

ナマケモノの消費エネルギーが少なく、食餌時間も少なく、睡眠量が多いことは、事実だと認める。また、ナマケモノの寝方が、動物の寝方の面白い例であることも認める。しかし、睡眠量の説明内容と矛盾するかのような例示は避けたほうがよいのではないだろうか。

(5) 睡眠と「体」？ 睡眠と「暮らし」？

人間や動物の睡眠について次のような表現がある。

14①「いつ、どのくらい、どのように」寝るかは、体内時計に組み込まれている

15③我々の体自体は、依然として昔のまま

④動物の体が簡単に進化するはずがない

16①我々の体は・・・ようにできている

②それぞれの動物が、それぞれ自分の体がスムーズにはたらくように暮らすこと

これらの表現は、睡眠と「体」との関係を述べているかのようだ。しかしこの文章のテーマは、睡眠と「暮らし」との関係を説明することだったはずである。

このようなズレと混同は、1と7の間にも見て取れる。1の「生まれつき決まっている」ことと、7の「暮らしと密接につながっている」こととは、違う事柄のように思えるのだが、本文の展開では同様のこととして扱われているようだ。「生まれつき」の「体」が「暮らし」を左右しているという前提で書かれているのだろう。

しかし、「体」を前面に出さず、「暮らし」との関係に徹した書き方に改めたほうがよい。13⑤には「動物としての習性」との表現もある。「習性」とは「動物の行動の特性」のことであり、それは「体」ではなく「暮らし」に近い言葉なのである。

(6) 単元のねらい

教材分析に基いて、本教材の吟味よみに関わっての学習のねらい（生徒につけたい力）を次のように設定する。

a 段落の役割を意識した文章の構造よみができる。

b その役割に相応しい段落の書かれ方がわかる。

c 裏付けとなる例示の適否を判断できる。
d 文章中の記述の不整合や言い換えのズレに気付く。

3 授業展開と指導上の留意点

この教材の授業構想を次のように立てた。

一 表層のよみ（音読・語句指導など） 1時間
二 構造よみ・論理よみ（柱の段落・柱の文）・吟味よみ（構造の適否） 3時間
三 論理よみ（文の要約） 3時間
四 吟味よみ（内容の適否） 1時間

構造よみ、論理よみ・吟味よみの全てを行う二の部分がわかり難いと思うので補足説明をしたい。

二は、構造よみの読解過程の中で、必要に応じて論理関係を検討し、さらに、読み取った構造や段落の位置付けの適否まで考えるという指導である。具体的には、前文と本文との切れ目の検討の中で、1～7の包含関係を考え、1の書かれ方の工夫に気付かせる。また、本文と後文との切れ目の検討の中で、16の柱の文も検討する。そしてその中で、本文の三つ目の話題（人間の睡眠）のまとめと、文章全体のまとめとが、同じ16の中に同居しており、16の位置付けや役割を曖昧にしてしまっている点に気付かせるのだ。

逆の言い方をすれば、包含関係や段落の位置付けまで考えなければ、この文章の構造は読み取り難いということでもある。構造よみの討論の中で出てきた意見のそれぞれについて、より説得力のある理由を考えさせると、必然的に右のような指導に踏み込むことになると考える。

構造・論理・吟味を一括して読む授業であるから、前文の確定のみで一時間は使うだろう。後文の確定にも一時間。本文の分割に一時間。これで二の必要時間は3時間である。

一方、要約文を作る作業や、文書内容に関わっての吟味よみは、構造よみが確定してから、順を追って行うのが良いだろう。これらは、構造よみとは分けて指導したほうがわかりやすいからである。

内容の吟味だが、前章の(3)～(5)を全て扱う必要はない。吟味よみに習熟していないクラスなら(4)のように、文中に相反するかのような記述がある箇所の指摘から始めるのがよいかもしれない。

4　この教材を使えば小学校―物語・小説の「構造」「レトリック」指導は大丈夫
――「ごんぎつね」の構造とレトリック

小林信次（日本福祉大学）

1　作品の構成・構造について

新美南吉の「ごんぎつね」（光村図書『国語四（下）』二〇〇五年版・他）については、多くの研究者が分析・検討し、多くの教師が実践報告を行ってきている。ここでは、「ごんぎつね」における物語の「構造」「レトリック」について新しい視点を提起したい。

私は、物語・小説の構成をとらえるときは、四部構成を基本としてとらえることが有効であると考えている。それは、導入部（前ばなし）・展開部（事件が進んでいく）・山場の部（事件が盛り上がるところ）・終結部（後ばなし）の四部である。

また、これと対応して、作品の最も大切な節目であるクライマックスで構造をとらえていく。クライマックスは「最高潮」などと言うこともある。

こういう構成・構造の物差し・目安を持つことによって、作品全体を俯瞰し、作品の事件、登場人物の動きの全体像を把握することができる。

私は、この「ごんぎつね」の構造を、次頁の「構造表」のようにとらえている。

2　「冒頭」と「末尾」の非対応

普通の四部構成の作品では、導入部と終結部が対応していることが多い。ところが、この「ごんぎつね」では、終結部がないためその対応がない。ここに構成上の仕掛けがあると考えられる。

冒頭の一文は、「これは、わたしが小さいときに、村の茂平というおじいさんから聞いたお話です。」となっている。ここからこの作品の特徴のいくつかが見えてくる。

「ごんぎつね」の構造表

○冒頭（導入部）	これは、わたしが小さいときに、―
○発端（展開部）	ある秋のことでした。―
○山場の始まり（山場の部）	その明くる日も、ごんは、―
◎クライマックス	「ごん、おまいだったのか、いつも、くりをくれたのは。」
○結末＝末尾【終結部はない】	―細く出ていました。

（発端からクライマックスまで：事件）

「小さいときに、村の茂平というおじいさんから」お話を聞いた「わたし」が語り手である。その「わたし」がごんに寄りそいながら物語っていく形式である。

冒頭でまず、「お話」とあることで、「昔話」「作り話」かもしれないとことを読み手に示唆している。

末尾は「青いけむりが、まだつつ口から細く出ていました。」で閉じられている。冒頭の一文とは、対応しないで「兵十とごんの悲劇」という余韻を残している。これは、構成上のバランスを巧妙に崩して読者にその後の「ごんの死と兵十の悲しみ」を想像させていく仕掛けといえる。したがって、授業では、冒頭と対応しない「末尾」について「終結部をどう書き加えますか？」といった学習課題が有効である。

3　「構造よみ」における「クライマックス」

「ごんぎつね」のクライマックスの性質については、すでに、阿部昇氏が、『国語科の教科内容をデザインする』（『国語の授業改革4』学文社）のなかで、「構成・構造を読む方法」の一つとして、次の四点を示している。重要な指摘と言える。

①読者により強くアピールする書かれ方になっている。
②描写性が特に厚くなっている。
③人物相互の関係性等、事件の二つの関係性が転化・確定する
④より強く作品のテーマにかかわる

この「ごんぎつね」の授業では、「クライマックス」は、次の二カ所に集約されていく。

ア　そして、足音をしのばせて近よって、今、戸口を出ようとするごんを、ドンとうちました。
イ　「ごん、おまいだったのか、いつも、くりをくれたのは。」

そして、この二つの箇所は、ともに阿部氏の指摘の四つの要素を兼ね備えている。

しかしイの方が、兵十とごんのすれ違い・ズレがよりはっきりと読める。つまりより重要な「転化・確定」として読みとれるのである。すれ違いつづけてきたごんと兵十の互いの見方が、ここで初めて重なり一致することになる。

しかし、アの「ドンとうちました。」というところへ感情移入をしている子どもたちの中には、このような教師の説明に対して、感情がついていかない場合がある。「納得できない」と言う表現を残している子どもが何人かいることがある。また、展開部にあたる箇所「ちょっ、あんないたずらをしなけりゃよかった。」などにも「クライマックスとは言えないけれど、ごんが改心した場面」としていつまでもこだわり続ける子どももいるものである。そういう、子どもたちの思考も大事にしながら、この「ごんぎつね」の構成・構造・レトリックを解き明かしていく必要がある。

いずれにしても丁寧に構成・構造を把握することで、作品の主題に仮説的にせまっていくことができる。

4　「ごんぎつね」の情景描写

「ごんぎつね」の大きなレトリックの特徴の一つに「情景描写」がある。

展開部の最初の風景描写「ある秋のことでした。」「空

はからっと晴れていて、もずの声がキンキンひびいていました」は、ごんの晴れ晴れしたような気持ちを象徴する役目を果たしている。

ここでは、「2」の場面を「秋の昼」、「4」の場面を「秋の夜」として昼と夜の情景描写の役割を見てみることにする。(「ごんぎつね」は、「1」から「6」の場面に分かれている)

「2」は、兵十の「おっかあ」の葬列の場面である。それに対応したいくつかのたくみな「情景描写」が使われている。

「墓地には、ひがん花が、赤いきれのように続いていました。」「ひがん花がふみ折られていました。」など秋の墓地の情景が丁寧に象徴的に描かれている。このふみ折られる「ひがん花」は、この時の兵十の乱れた気持ち、さらにはそれに共感しつつあるごんや語り手の思いを象徴しているとも読める。

「4」の展開部は、先ほどの「秋の昼」と対比するように「秋の夜」として次のような情景描写になっている。

「月のいいばんでした。」ではじまり、「チンチロリン、チンチロリンと、松虫が鳴いています。」と夜の景色を描いている。そして、外でじっとしゃがんで待っているごんの世界とは対照的に、兵十がいる吉兵衛の家の賑やかな様子を「ポンポンポンポンと、木魚の音がしています。まどのしょうじに明かりが差していて、大きなぼうず頭がうつって、動いていました。」と描いている。ごんが独り待つ心情を木魚の音やぼうず頭の動きで間接的に表している。情景と人物の心情を関係づけた、たくみなレトリックである。

5　視点としての「ごん」の目から「兵十」の目へ

「ごんぎつね」は、大部分が「ごん」の視点に語り手が寄りそって描かれている。そして「ごん」が「兵十」に心理的に接近していく過程で、二人の心理的距離と物理的距離が近くなったり離れたりしていく。巧みな表現と言える。絵の世界の遠近法の手法にも重なっている。

「1」の場面は、あなから出てきたごんが、小川にいる兵十に接近していく。「そっと草の深い所へ歩みよって、そこからじっとのぞいてみました。」とごんの目は、兵十に近づいている。ごんと兵十は、顔についているはぎの葉がみえる距離なのである。そして、ごんはいたずらの後、兵十にどなられ逃げていく。

「ほらあなの近くのはんの木の下でふり返ってみましたが、兵十は追っかけては来ませんでした。」とごんの気持ちは兵十に向いているが、すでに離れた距離を描いている。同じような手法の描き方がその後も続いている。

「2」の場面では、さらに墓地にかくれて待つごんの視点を通してごんの兵十への心情が描かれる。

「そう列の者たちがやって来るのが、ちらちら見え始めました。」とじょじょに話し声がごんに近づく。さらに、「ごんは、のび上がって見ました。」としおれた顔の様子の兵十が見える距離へ近づくのである。

「3」の場面でも、同じような手法で描かれている。

「『おれと同じ、ひとりぼっちの兵十か。』こちらの物置の後ろから見ていたごんは、そう思いました」と物置まで近づくのである。そして、いわしを兵十のうちになげこんでかけもどっていく。「兵十がまだ、いどの所で麦をといでいるのが小さく見えました。」と兵十の隔りがごんの目を通して描かれている。

このレトリックによって読者もごんと一緒に兵十との距離を感じることになる。

ところで、「4」の場面では、ごんの接近は、「見る」ということと「聞く」ということが重ねられた描き方になっている。

「だれか来るようです。」とごんが兵十と加助に出会う所である。だんだんと接近するようすが細かく描かれていく。その様子は、ごんの目の中にも耳の中にも同時に迫ってくる。「話し声が聞こえます」から「話し声は、だんだん近くなりました。」となり、「『そうそう、なあ、加助。』と、兵十が言いました。」とごんの目の前に近づくのである。

「5」の場面では、さらに、ごんが 接近し、兵十に近づく。

「ごんは、二人の話を聞こうと思って、ついていきました。兵十のかげぼうしをふみふみ行きました。」とごんの目と耳は、すぐ前にいる兵十のかげへと接近していく。これらの表現は、絵画的でもあり、ごんの兵十に対する気持ちの投影としても効果のある表現である。

山場の「6」場面の悲劇は、まさに、「ごん」が兵十の家の中の土間に、つぐないのくりを置いておくという近づきすぎる接近によって起こる。

そして、ごんの目から兵十の目に語り手の視点は移っていく。「と、きつねがうちの中へ入ったではありませんか。」「こないだ、うなぎをぬすみやがったあのごんぎつねめが」などである。そして兵十は何の躊躇もなく「ごんを、ドンと」撃つ。

その直後「土間にくりが固めて置いてあるのが、目につきました」「兵十は、びっくりして、ごんに目を落としました。」兵十は驚き悲しみを深めていく。巧みな表現・レトリックをもちいている。

そして構造上の「クライマックス」＝「ごん、おまいだったのか、いつも、くりをくれたのは。」で「ごんの兵十へのつぐないと愛が死によってしか伝わらない」という主題が浮かび上がってくるである。

5 この教材を使えば中学校ー物語・小説の「吟味」「批評」指導は大丈夫
―「小さな手袋」(内海隆一郎)を批評する

丸山 義昭(新潟県立長岡大手高等学校)

1 「小さな手袋」はどういう小説か

「小さな手袋」は、三省堂の中学校国語教科書『現代の国語2』(二〇〇六年度版)に載っている。作者は内海隆一郎。三省堂の教師用指導書にある作者紹介には、「市井の人々に寄せた温かな視線で、読むものの心を揺さぶる『ハートウォーミング』な作品を書き続けている」とある。

出典は『人びとの忘れもの』(ちくま文庫、一九九〇年)。これも三省堂の指導書によると「この作品集は、二十一編のいずれも人びとの忘れものにまつわる物語を描いている。そこでは、単なる『もの』だけでなく、人びとの間にかつては通い合っていた『こころ』も忘れものの一つとして描かれている」とあるが、これは「小さな手袋」にももちろんそのまま当てはまる。

「小さな手袋」は一人称小説である。語り手の「わたし」は小説に登場する人物であり、「シホ」という女の子の父親である。次女である「シホ」が小学3年生(九歳)だったときのことを六年後に語っているという設定で事件は始まる。

「わたし」の家から歩いて十五分ほどのところに武蔵野のおもかげを残した雑木林がある。その雑木林に隣接してキリスト教会経営の病院があり、そこの入院患者で、脳卒中で手足が不自由なおばあさんに、雑木林でシホは出会う。シホはおばあさんにせがまれて、おばあさんに会いに雑木林に日参し、かわいがられる。しかし、東北に住む、「わたし」の妻の父も脳卒中で亡くなってしまい、祖父の死で変わったシホは、おばあさんのことを忘れたように雑木林から遠のく。

およそ二年半後の春、六年生になったばかりのシホは、風邪を引いて雑木林のそばの病院に「わたし」と行き、おばあさんのことを修道女に聞く。おばあさん（宮下さん）は、シホが会いに来なくなってからも毎日のように雑木林に行ってシホを待っていたが、寒気のため外出が許されなくなると、毛糸で編んだミトンのかわいい手袋を渡したいと修道女に願う。ところが修道女たちは、シホを探したが見つけられなかったのだ。修道女から預かっていた手袋を渡されたシホは、おばあさんに会いたいと言うが、おばあさんはこの一年ほどで、急にぼけが激しくなり、会ってもしかたありませんと修道女に言われる。シホと「わたし」は帰りに雑木林に向かう。

右の一連の話が、最初の出来事の六年後、最後の出来事から四年半後、つまり、シホが中学三年生の秋頃に、父親の「わたし」によって語られる。シホが高校生になる直前、片仮名書きの「シホ」から漢字書きの名前（「志保」とか「志穂」）に語り方を変えざるを得ないような時期、少女期を完全に脱して青年期に移行しようという時期に語るわけは、本文の至る所で読みとれる〈シホの成長を見守り続ける父親の温かい目〉と深い関わりがあると考えられる。おそらく、父親の「わたし」はシホが高校生になる前に、少女期の無邪気な娘を大きく変化させた祖父との死別、その娘の成長の証しとも言える、おばあさんに対する悲嘆、後悔の念――これらを語って一つの区切りをつけたかったのであろう。

2 この教材でどういう力をつけるか

教師用指導書には、「学習の目標」として、次の二つが挙げられている。

1 人と人とのふれ合いの姿をとらえ、味わう。

2 登場人物の会話・行動から、心情の変化を読み取る。

さらに、右の「2」の解説として、「二年半という経過の中、人間として成長していく『シホ』。その『シホ』を優しく見つめ、見守っている父親としての『わたし』」とあるが、この父親としての「わたし」のありかたを、その語りを通して明らかにし、批評的に見ていくことが

――それはこの小説全体の「つくり」を批評することになるのだが――最も大事なことではないだろうか。

この小説を批評するために見ておきたいところは、祖父の死後、シホの変化を語る箇所と、山場の部の、修道女との会話の場面である。

シホの変化を語るところは次のようになっている。

[a]娘の中で、なにかが変化したのを、わたしは目撃したように思った。実は祖父の死というものが、これほどの衝撃を九歳の子どもにあたえるとは、わたしは予想もしなかったのである。

シホの変化は、そのまま雑木林のおばあさんとの交際にもつながった。東北から帰ってきてから、シホはまるでおばあさんのことを[b]忘れたように雑木林から遠のいた。

それがきわめて[c]自然だったので、わたしも妻も顔を見合わせただけで[d]ひと言もふれなかった。おばあさんがシホを心待ちにしているだろうことは察せられた。

しかし、わたしたちにはそのときの[a]娘の心に立ち入ることは[e]どうしてもできなかった。もしかしたら、シホはおばあさんのことを本当に[f]忘れてしまったのかもしれない。そのような[g]自然さだった。

（傍線は丸山）

ここのところ二カ所で、「シホ」でなく、[a]「娘」とある。父親の視点で「わたし」はシホを見ているのである。生徒たちには、「娘」と「シホ」という呼称の違いに気づかせて、そのことを読ませたい。

「おばあさん」から「死」を連想する。もう死で傷つきたくない。「死」から遠ざかりたい。シホの心情はそのように読みとれる。

父親の「わたし」の方は、シホが忘れるはずはないのでは？と思っている。「それがきわめて自然だった」とあるが、実際にはきわめて「不自然」なことである。ここには、シホの内面に立ち入ろうとしない、シホの内面の変化をただ見守ろうとする父親の態度がある。

[d]「ひと言もふれなかった」から[e]「どうしてもできなかった」への表現の変化にも気がつかせたい。弁解がましい感じが読みとれるだろうか。

「もしかしたら、シホはおばあさんのことを本当に忘れてしまったのかもしれない。そのような自然さだった。」とあるが、[c]「忘れたように」→[f]「忘れてしまったのかもしれない」、[c]「自然だった」→[g]「自然さだった」と繰り返して、強調している。

「もしかしたら……本当に忘れてしまったのかもしれない」とあるが、ここには「忘れるはずはないが……」という父親の思いがある。忘れるはずはないが、そう思いたい。父親は自分に言い聞かせているのである。

老女がその時どうだったのかを知って語っている語り手である現在の父親は、「そう思いたい。しかたがないことだった」と言いたいのである。

老女との交際を終わらせたシホをかばい、そのシホに何も言えなかった自分をかばっているのである。シホのしたことの、罪な側面、それをそのままに放置していた自分を、弁解をして許している。

ここには、シホと会えない、老女の予想される悲しみよりも、シホの心境の変化をただ大事にして見守りたいという、穏健な父親のありふれた愛情がある。

この穏健なありふれた愛情は、最後まで大きく揺さぶられることはない。

次は山場の部の後半である。（傍線部がこの小説の最高潮である。）

シホは、小さな手袋を両手に包み、顔を強く押しつけた。かすかなおえつがもれ出た。

「それで、」とわたしが代わりに聞いた。「宮下さんは、今どうなさっていますか。」

「はい、お元気ですよ。まだ、この病院に入院していらっしゃいます。」

シホが顔を上げた。涙でぬれた目が輝いた。

「会いたい。会ってもいいですか。」

シホは、すぐさま走り出そうという気配を見せた。それを修道女が静かに押しとどめた。

「会ってもしかたありません。もうシホちゃんがだれなのか、わからないんですよ。この一年ほどで、急にぼけが激しくなりましてね。……しきりに大連のことばかり話しています。周りの人を、みんな大連に住んでいたときの近所の人だと思いこんでね。ご本人は大連にいるんだって思っているんでしょうね。」

「大連に……。」

「そう。宮下さんは、もう大連へ帰ってしまったんですよ。昔の大連にね。」

修道女の配慮で二人の再会はならず、父親はここでも傍観しているだけである。ここで、シホが、会ってもシホであることなど分かるはずもないおばあさんに面会したらどうであろうか。もちろん、ショックを受けたであろう。

しかし、その代わり、老いによる変貌という冷徹な現実を肌で感じることができたであろう。「シホちゃん」のことが好きだった、雑木林の中で会っていたおばあさんとは別の、シホの知らない他者、大連にいた頃という、いわば人生の盛時に戻った「宮下さん」を見て、人間の「生の実相」にふれ得たであろう。

それは、おばあさんに会いに行かなくなった自分に対する後悔の念を超えて、もっと名状しがたい気持ちにシホをさせたかもしれない。何か不条理なものに出会った時の気持ちのような……。

シホの将来、今後の長い人生を考えると、おばあさんに面会しなかったことは、よかったのかどうか。父親の「わたし」は、どう考えているのだろうか。

終結部は次のようになっている。

病院を辞去したあと、自転車の荷台からシホが、雑木林へ寄っていきたい、と言った。熱のあるのが心配だったが、わたしはうなずいて、自転車を雑木林の入り口の方へ向けた。

ここにも物分かりのよい父親の姿がある。おばあさんに会っていれば、シホは雑木林へ寄っていきたいと言ったであろうか。雑木林は、シホとおばあさん、二人の思い出の場所であり、その思い出に浸ることのできる場所である。シホの思い出は父親によって大切に保存されたのである。

以上のように読みとっていくことによって、読み手は当初、「ハートウォーミング」な世界にひたり、自足していた自分、父親と同じようにそれでよしとしていた自分を振り返ることとなるのである。

もちろん、「ハートウォーミング」な世界それ自体は悪いわけでも何でもないし、その世界にひたることで、心が癒やされ、小説のよさを見直すことは大事なことである。ただ、そこにとどまっていては、小説の読みが、人生はどう生きていったらよいのか（人は何のために生きているのか）考えることに資することにならないだろう。それが、「批評の読み」[iii]でおこなわなくてはならないと考えるゆえんである。

3　「批評の授業」のための発問づくり

次に、「小さな手袋」を使って、「批評の授業」をおこなうための発問を考えていきたい。

六年前の秋の、シホとおばあさんの出会いから、祖父との死別によって雑木林から足が遠のいた、その年の十一月までの、小説の展開部において、語り手である「わたし」の、シホに対する穏健で「温かい目」を読みとった後、「およそ二年半後の春」から始まる山場の部の読みとりにおいて、あるいは全文を一通り読み終えた後でもよいが、次のような発問をして、生徒たちに考えさせる。

> 修道女との会話の後、シホがおばあちゃんに面会したら、このお話はどう違うものになったでしょうか。

右の発問に対する各自なりの答えを考えていくための、下位の、別角度からの発問を次に挙げる。

①父親はなぜ修道女に言って、シホを老女に会わせないのだろうか？

②シホは、会っても誰なのか分からないおばあさんを見てどんなことを感じるだろうか？

シホがおばあさんと面会しないで病院を去るという設定は、この小説全体の「つくり」と不可分であり、語り手である父親の「わたし」とシホとの関係を読みとり、小説の語り全体の志向する世界を考えれば、必然であることが、生徒たちにも分かるだろう。小手先で、山場の部の「あらすじ」を変えればすむ問題ではないことを、生徒たちが理解していくような授業にならなくてはいけないと考える。

そして、どういう小説が、いま在る自分を揺さぶってくれるのか、毒にも薬にもなる小説とはどのようなものか、そのようなことを、この小説の批評の授業を通して、生徒たちとともに考えていきたい。

6　この教材を使えば小学校ーメディア・ＮＩＥの「事実」と「意見」の指導は大丈夫

――新聞の投書で「事実」と「意見」の見分け方を学ばせる

佐藤　建男（科学的『読み』の授業研究会運営委員）

1　はじめに

本稿では、新聞などメディアの情報（文章で書かれたもの）について、「事実」と「意見」を区別する読みの力をどのようにしてつけるか、その筋道を示したい。

教材は、新聞の「投書欄」を取り上げる。学習の対象は、小学校の高学年である。授業の具体的な様子も紹介したい。

2　「事実」とは何か、「意見」とは何か

――事実と意見：三つの定義――

木下是雄の『理科系の作文技術』（中公新書、一〇四頁）によれば、事実とは「自然に起る事象や自然法則：過去に起った、人間の関与した事件などの記述で、然るべきテストや調査によって真偽が客観的に確認できるもの」とされている。また、「《意見》は幅の広い概念で、その中には次のようなものがふくまれている」として、推論、判断、意見、確信、仮説（証明になりそうな事実が相当にあるが、まだ万人にはそれを容認させる域には達していない考え方）をあげている。

これらは、十分に納得できる妥当な定義だと考える。しかし、これを小学校高学年の子どもに理解させるのはむずかしい。

例えば、「平成六年に、九五五ヘクトパスカルの台風が、四国に上陸した。」また、「石田三成は、織田信長より長く生きた。」という文が事実かどうか。「然るべきテストや調査」をすれば比較的簡単に分かることがらだと

は思うが、この程度のものでさえ、わたしは今、これが嘘だと確信を持っては言いきれない。小学生が、一つ一つの文を「事実」かどうか判断するのは不可能である。

そこで、わたしは、前掲書を参考にしながら、小学校での実際の授業に生かすことのできる「事実と意見：三つの定義」を、提案する。

まず、「事実」について。

【定義一】事実は、書かれ方と内容の二段階で判断する。

先の例で言うなら、「～台風が四国に上陸した。」、「～長く生きた。」と、書き手は事実として書いているので、書かれ方としては「事実」に属する。内容的には、私にとって事実かどうかは保留するしかない。

「私は、一〇〇メートルを八秒で走った。」という文の場合なら、書かれ方は「事実」で、内容は事実ではないということがはっきり分かる。しかし、先も述べたように、実際の文章では、小学生が即座に内容が事実かどうかの判断をすることは難しいだろう。

そこで、「事実」かどうかは、まず「書かれ方」で判断する。例えば、「～と言われている。」や「～ことが明らかになった。」などの表現は、いかにもあいまいで怪しいが、筆者がそれを事実として提示している以上、それは「事実」とする。

次に、第二段階として内容の判断をする。「A…信用できそう、B…ちょっと疑わしい、C…かなり疑わしい」の3ランクで評価する。これは、直感でよい。必要ならあとで調べてみればよいのである。

次に、「意見」について

【定義二】意見とは、「推論・判断・主張・要望・感情・反語」がふくまれているものである。

とする。

とはいっても、これだけの手がかりで小学生が「意見」を識別することはできないだろう。そこで、文の述部に注目させる。述部が、定義二の「推論・判断・主張・意見・要望・感情・反語」に該当すれば、「意見」である。

では、それらは、どのような述部になるのだろうか。

【推論】～だろう、～考えられる、～思われる
【判断】～である、～だ、～ではない
【主張】～べきだ、～（をしなければ）ならない
【意見】～考える、～思う
【要望・願望】～ほしい、～もらいたい、～したい
【感情】（良い、悪い、気になる、困る、など）
【反語】～いいのか、～だろうか

ここにあげた例だけではとても「意見」の多様な述部を網羅することはできない。また、述部だけで判断できず、文全体を分析しなければならないこともある。しかし、述部に注目させることは重要である。これらを参考にすれば、たとえ別の言い方であっても「意見」だとわかることが多い。なお、「反語」だけは異質で、推論の範疇に入るのかも知れないが、このようなあいまいな言い回しで意見を述べる文章がきわめて多いので、あえて入れた。

もう一つ定義を提案する。

【定義三】事実と意見は、文単位ではなく、文の中の部分で区別する。文単位のこともある。

「彼は一〇〇メートルを八秒で走ったと言っていたが、私は信じない。」の文の場合、「～といっていた」まででは「事実」で、その後は「意見」となる。

この「意見」についても、それを「A…明快な意見、B…あいまいな意見、C…責任逃れ・逃げの意見」の3ランクで評価する。

3　教材について――「投書欄」をテキストに

「投書欄」はほとんどの新聞に載っていて、手に入りやすい。また、取り上げられている話題も投書する年齢も幅広く、小学生の関心を惹く話題や分かりやすい文章で書かれたものを比較的簡単に選ぶことができる。「投書」だから明快な主張を持っている。しかも、四〇〇字から六〇〇字で文章も短い。したがって、「事実」と「意見」を区別する訓練をするには格好の教材となる。

ここでは、二〇〇八年五月二〇日付けの毎日新聞の投書「赤信号、つっこむ車、心さびしい」（中学生、T・N 13歳）を取り上げてみる。

①私は中学生になってから毎日、自転車で登下校するようになりました。②通学路には、いくつかの信号があります。③ある場所では、青信号で渡ろうとしても、何台かの車が赤信号で突っ込んできて、渡れないことがよくあります。④そういう車を見るたびに、心がさびしくなります。

⑤朝の時間帯だから、みんな急いでいると思います。⑥でも、信号無視はどんなに急いでいてもいけないと思います。

⑦また、通学路の中で、車の通りが多いのに信号がないところがあります。⑧私たちが渡れずに止まっていると、優しい運転手は車を止めて私たちを渡らせてくれます。⑨でも、残念ながら、そういう運転手は少ないのです。⑩大人には、そんなに急ぐ必要があるのですか。

⑪自動車を運転する際、少し早く家を出るだけで、心のゆとりが生まれ、交通事故が減ると思います。

4　授業のイメージ

(1)　教材の用意

教材は二つ用意する。先に紹介した「三つの定義」と新聞の投書である。

「三つの定義」については、事前に一時間とり、例文を使って訓練・理解させておく。

教材となる投書は、新聞のコピーでもいいが、できればワープロに打ち込んで、難しい漢字にはあらかじめルビを振り、もし難語句があれば、その意味を提示しておく方がいい。教材に対する抵抗感をできるだけ少なくするためである。

ここで取り上げた投書は、中学生が書いたものであり、難しい漢字も難語句も特にないので、文番号を振っただけである。

(2)　ワークシートの用意

次のようなワークシートを用意する。

文番号	記号	事実の評価	意見の評価	事実と意見の区切り
①				
②				

記号は、事実＝○、意見＝□、事実意見両方＝△を記入する。事実・意見の評価は、先ほど示したA、B、Cで行う。

(3) 授業の要点

①〜⑥の文で、「事実」の文に○の記号を書きなさい。

⑤と⑥は、「思います」という述部があるので、典型的な意見を述べる文である。④は「さびしくなります」が、【定義二】の「感情」に当てはまる。また「さびしい」という「判断」でもある。ということで、残りの三文、①②③が「事実」の文ということになる。

ここで「③の文には、書き手の意見が含まれている箇所があります。さがしましょう。」と指示すると、「よく」に注目する子が出てくる。「よくある」のか「ときどきある」のか「たまにある」のかは、書き手の判断である。したがって、意見が含まれている。

余裕があれば、さらに「ほかにも微妙なところがありませんか」と問うてみてもよい。「(赤信号で) 突っ込んで」という表現に気づく子も出てくるかも知れない。ただ「突っ込んで」という表現に、非難が読み取れる。事実だけを書いたかに見える文にも、書き手の意見が含まれていることがあるということにも、触れておきたい。

しかし、③の文を「事実」(○) か「事実と意見」(△) のどちらにするかということでは、「よくある」も「突っ込んで」も、「よく突っ込んでくる」事実があるということにして、「事実」にしていいだろう。その辺は、子どもとの話し合いで決めてよい。

⑦〜⑪の文を「事実」と「意見」に分けなさい。

⑦⑧は「事実」、⑩は「必要があるのですか」は「反語」で、「必要ない」という意見を言っている。⑪は「思います」で意見である。⑨が問題になるだろうが、「残念ながら」は「感情」「少ない」も先の「よく」と同じで書き手の判断である。「③文は「事実」に入れたが、⑨文はどうする？」と問うて話し合ってみるといい。こちらは文章が短く「残念ながら」と「少ない」がこの文の中心になっているので、「意見」に入れるのが適当だという結果になるだろう。

⑨文の最初の『でも』というのは、その前のこと

がらと　反対のことを述べるときの接続語です。

『でも』の前のことがらとは何ですか。

当然、子どもたちは⑧文の事実をあげる。さらに「⑧文の事実は何のために書かれたのですか」と質問すれば、「⑨の意見を述べるため」という答が返ってくるはずだ。つまり、⑧は単なる事実ではなく、書き手が⑨の意見を述べるために必要な、あるいは都合のいい事実を選んだといえる。

こう考えると、③の「何台かの車が赤信号を突っ込んできて」という文も、読み手が「危ないなあ」「やめさせなければならない」という気持ちになることを考え、書き手が自分の意見に説得力を持たせるために選んだ事実だということになる。

文章の中に、客観的な事実は存在せず、書き手の主張に説得力を持たせるために選ばれ、切り取られたものが事実であることが、子どもたちにも理解されていくような授業にしたいものだ。

最後に投書の「募集要項」にも触れてみたい。

「本文400字程度。原稿を添削することもあります。」

このことは何を意味していると思いますか。

「投稿した人が書いたのと変わっているかもしれないということ」「勝手に書き換えられても文句が言えないってこと」などの感想がでてくるだろう。

新聞の「投書欄」に載っている文章は、書いた人の意見そのままではなく、それを書き換えているかもしれない編集者がいること、また、どんなことを書いても載るとは限らず、新聞社が載せたい意見を選んでいるということにも目を向けさせたい。

新聞などの文章を取り上げ、「事実」と「意見」を区別する学習活動を通じて、書かれている表面のことがらだけでなく、その裏にある意図などにも目を向けるちから、情報を批判的に受けとめ判断するちからを子どもたちに身につけさせていきたいものだと思う。

7　この教材を使えば中学校―メディア・NIEの「吟味」「批判」指導は大丈夫

——新聞「eメール時評」を使った「反論」指導

薄井道正（滋賀県・立命館守山高等学校）

1　基本スキルを教えるための導入教材

新聞には時事的問題に対する文化人や評論家・識者と呼ばれる人たちの批評やコメントが頻繁に掲載される。そして、新聞というメディアと文化人という肩書きのもつ二重の権威に惑わされ、ときに私たちは無批判にその意見に首肯しがちである。しかし、それらの意見の中にはたしかに傾聴に値するものもあるが、首をかしげたくなるものも多い。ここで紹介する二〇〇二年五月二三日付『朝日新聞』の「eメール時評」に掲載されたロニー・アレキサンダー氏（神戸大学教授）の批評もその一つである。「『食』だけが文化なのか」と題されたこの文章には、筆者の論証責任が問われるべき箇所＝反論できる箇所（ツッコミどころ）が数多くあり、「吟味」「批判」「反論」の基本的なスキルを教えるに利用価値の高い教材といえる。私は高校一年でこの文章を「反論」指導の導入教材として用いてきたが、中学一年でも導入に用いることが十分に可能である。

以下は、その教材文の全文である。（ただし、破線と①②…の丸付き数字は、次節以下の説明のために引用者が付けたものであり、授業では原文のまま教材文を配布している。）

「食」だけが文化なのか

ロニー・アレキサンダー

山口県下関市で20日始まった国際捕鯨委員会（IWC）総会に先立って、捕鯨反対で知られる世界自然保護基金（WWF）ジャパンが、対話路線に切り替えた。

しかし、WWFは依然、日本の市場を狙うIWC加盟国以外の動きを恐れている。①日本のクジラ好きは有名で、商業捕鯨の再開をきっかけに市場競争が起こらないとも限らない。

IWCが商業捕鯨の一時停止を設定して16年。環境汚染、魚の乱獲、気候変動などで、海そのものが危機にさらされている。②国連食糧農業機関（FAO）によると、漁業資源の約半分は捕獲の限界にあり、魚種の約1割が枯渇状態にある。③寿命が20～30年と長生きするクジラの体内に蓄積するポリ塩化ビフェニール（PCB）などの有害物質も気になる。

④敗戦直後、給食に登場していたクジラに対する愛着、それを禁止されたことへのルサンチマンは理解できる。しかし、今や若い人たちはほとんどクジラを食べたことがない。⑤食物が溢れる今日の日本において、捕鯨を再開しても、鯨食を維持するだけの消費者は、いないのかもしれない。

⑥日本文化におけるクジラの意義は、食べることによってのみ存続するのか。⑦高知県大方町は、捕鯨の歴史を大事にしながら、今はホエールウオッチングに力を入れている。クジラと共存してきた日本だからこそ、新たな市場づくりより、⑧世界と協調することを期待したいのだ。

2 「反論」指導のための教材分析

破線を付した箇所について、たとえば次のような疑問や反論が可能である。（以下の①②…は教材文中の①②…を付した箇所に対応している。）

① まず、この箇所は明らかに⑤と矛盾する。ここで「市場競争が起こらないとも限らない」ほど「日本のクジラ好きは有名」と言っておきながら、⑤で「今日の日本において、…鯨食を維持するだけの消費者は、いない」と言うのは、矛盾する（不整合な）ご都合主義的な言い分である。また、「市場競争が起こらない」ために、IWC（国際捕鯨取締条約をルールブックとする国際捕鯨委員会）という組織もある。（日本やノルウェーはIWCで鯨の持続的利用を常に訴えている。）

→批判スキルａ　矛盾する（不整合な）主張をしていないか。

また、「とも限らない」とか「かもしれない」といった言い方は無責任である。

→批判スキルb　責任逃れの（批判をかわす、腰の引けた）言い回しをしていないか。（裏づけとなるデータはあるのか。）

② だから鯨を捕るな、とFAOは言っているのか。逆である。

一九九五年、FAOの協賛を受けて京都で開催された「食糧安全保障のための漁業の持続的な貢献に関する国際会議」（九十五カ国参加）では、「再生可能な漁業こそ将来予想される食糧危機を救う」という視点のもと、次のような合意がなされた。一つに、世界の漁業において地域的な特徴・特色を尊重しようということ。二つめには、各地域の食文化を尊重しようということ。三つめには、海洋生態系のすべての要素（もちろん鯨も含まれている）をまんべんなく利用しようということである。

→批判スキルc　データ＝事実に誤りはないか。（データに根拠はあるのか。）

もし、鯨をはじめとする海産哺乳類だけが一方的に保護されれば、魚は食い荒らされることになり、海産資源はますます枯渇することになるのではないか。

→批判スキルd　逆の結果は生じないか。

③ 「気になる」といった不安だけを駆り立てるのは無責任ではないか。実際に検出されているのかどうか、データを示すべきである。たしかに、北西太平洋のミンク鯨の皮脂部から検出されたPCBの数値は魚介類より高かった。しかし、PCBは脂溶性であるから、加工の過程で流出してしまう。したがって、加工後に食べるのが普通である皮脂部は、安心なのである。また、南氷洋、北西太平洋とも、ミンク鯨の赤肉のダイオキシンは検出限界値を下回っている。つまり、検出されていないのである。

→批判スキルc　データ＝事実に誤りはないか。（データに根拠はあるのか。）

④ 「ルサンチマンは理解できる」などと、勝手な「理解」をすべきではない。問題を勝手に感情論のレベルに引き下ろして、相手の主張を矮小化するような論法は卑

怯ではないのか。

→批判スキルe　感情論に流れていないか。

⑤　捕鯨の問題は食べる者がいるかいないかといった問題なのか。過剰保護による鯨の増加が海洋資源に悪影響を与えている。また、人口増加が避けられない将来に向けて、食糧確保の選択肢はすべてオープンにしておく必要がある。

また、「かもしれない」といった不確かなことを根拠にすべきではない。

→批判スキルb　責任逃れの（批判をかわす、腰の引けた）言い回しをしていないか。（裏づけとなるデータはあるのか。）

⑥　「食べること」によってでも日本文化は存続する。食も、ある国・民族・地域で固有に発展してきた貴重な文化である。

→批判スキルf　「～のみ」「～だけ」といった限定に対して、「～も」と考えられないか。

ある民族や国民が自分たちの特定の動物に対する価値観を他の民族や国民に強要することは文化帝国主義である。カンガルーを食べている（ライフルで間引きもしている）オーストラリアの「食文化」を非難したら、オーストラリア（鯨を殺すのは倫理に反すると非難しているが）は、どう答えるのだろうか。

→批判スキルg　他のケースにも当てはめることができるか。

⑦　鯨に近づいてウォッチングすることは、騒音、振動、海域の変化などをもたらして鯨に悪影響を与えるから禁止すべきだ、という声が高まっているのを知っているのか。また、船に鯨がぶつかって大事故になる危険性も大きい。

→批判スキルd　逆の結果は生じないか。

⑧　「世界」とは、どこの国々を指しているのか。反捕鯨を主張しているのは欧米の一部の国々であり、中国、韓国、ロシア、ノルウェー、アイスランド、多くの発展途上国などが、持続的捕鯨を支持している。世界一五四カ国が加盟するサイテス（ワシントン条約）では、鯨類

の持続的利用を認める国が常に過半数を占めている。捕鯨を認めない国々こそが世界と協調することを期待されている。欧米の一部の国々を「世界」と取り違える傲慢さこそ批判されるべきである。

→批判スキルh （「われわれは」「日本人は」「世界は」といった）不当な一般化がなされていないか。

何かを主張する（何らかの意見を述べる）ときには、必ず論証責任が生ずる。論証責任を果たしていないような主張（意見）は、無責任なただの放言でしかない。したがって、「反論」のメインは、「文章（筆者）が論証責任を果たしているかどうか」を問うことにある。（ここで紹介したスキルは、そのための一部である。）

3 授業例

では、前節の教材分析に基づいて、どのように授業を展開することができるか。私の授業実践を踏まえて、その一例（教師の指導言と生徒の発言）を提示したい。

教師 これから、この文章の筆者はちゃんと論証責任を果たしているか、この文章にツッコミどころはないか、それを読みとっていきます。まず、筆者の主張は？

子ども 日本は商業捕鯨を再開すべきではない。

教師 では、その理由・根拠を述べている箇所に線引きしてみよう。時間は5分。はい、始め。

（線引きにあたっては、個人で考えさせたあと、班で話し合いをさせてもよい）

教師 はい。では、線引きした理由・根拠の箇所を挙げなさい。

（班を使ったときは、班の意見として発言させ、『この箇所、いいですか？』と他の班に問いかけながら理由・根拠の箇所を確認していく。そして、確定した箇所に①②という通し番号を付ける）

教師 それでは、①について、他の箇所とつきあわせしてズラシはないか？

書かれていることと事実を、あるいは書かれていることと他の箇所で書かれていることをつきあわせして、そこにズラシやボカシがないかどうかを見きわめることが「批判」や「反論」の基本的なスキルである、と事前に子どもたちには教えてある。（詳しくは拙著『謎とき国語への挑戦』学文社をお読みいただきたい。）

以下、『ここにボカシはないか？』『他のケースとのズラシはないか？』などの助言をしながら授業を展開していく。（「つきあわせ」「ズラシ」「ボカシ」といった術語は、批判・反論の操作概念として実践的にきわめて有効であると私は考えている。）

4　留意すべきこと

ときに批判や反論は節度を越えて「ただの難癖（言いがかり）つけ」に傾斜してしまう危険性をもつ。（民放テレビの討論番組をイメージすればいい。）したがって、「反論は自分自身に対してこそ、より厳しいものでなければならない」ということも教える必要がある。

内田樹氏は、『女は何を欲望するか？』（角川ｏｎｅテーマ21）の中で、次のようなことを述べている。

カール・ポパーは「科学的精神」とは、自分の立てた仮説が「うまく適合しない」事例を探し出し、その反証事例によっておのれの仮説が論駁されうるかどうかを吟味することを最優先するような知のはたらきのことであると定義した。「私の理論がうまく妥当する事例」の列挙にはあまり興味がなく、むしろ「私の理論がうまく妥当しない事例」に興味を引かれ、それによって自分が立てた仮説を自分自身の手で書き換えることに優先的に知的リソースを供給するタイプの人のことをポパーは「科学者」と呼んだ。

内田氏が説くこのカール・ポパーの「科学的精神」こそ、批判や反論に必要不可欠なものである。そこで私は、子どもたちにカール・ポパーの「科学的精神」について語ったあと、

「将来、もし君たちが学問研究や科学の分野で創造的な仕事を成し遂げたいと希望するなら、反論の基本的スキルをしっかりと身につけていくべきである。しかし、それは他者の意見に難癖をつけるためではない、自分の主張や理論（仮説）を鍛え、真理・真実に対して謙虚（誠実）であるためだ」

といった主旨のことを話すことにしている。

Ⅲ　国語科教育の改革――ＰＩＳＡ型「読解力」に関する提言

1　新学習指導要領の問題点

柴田　義松（東京大学名誉教授）

1　学習指導要領の理念はどのように変わったか

現行の学習指導要領の理念とされる「生きる力」は、基本的に新学習指導要領においても変わりはないとか、新教育基本法第一条に示された「教育の目的」は、「いかに時代が変化しても変わりはなく、普遍的なものである」と言われている。はたしてそうであろうか。

新学習指導要領を定めた中教審教育課程部会の答申（二〇〇七年十一月）のなかで、これらの理念や目的がどのような文脈のなかで述べられ、説明されているかを見てみるだけでも、実際には社会状況の変化に合わせて、それらが大きく変化してきていることが分かる。

（1）「ゆとり」の行方

現行の学習指導要領を定めた中教審答申（一九九六年）「二十一世紀を展望したわが国の教育の在り方について」は、「子供に『生きる力』と『ゆとり』を」をスローガンとして掲げ、「生きる力」については、常に「ゆとり」と対にして説明がなされていた。

すなわち、これからの「学校の目指す教育は、『生きる力』の育成を基本とし、知識を一方的に教え込むことになりがちであった教育から、子供たちが、自ら学び自ら考える教育への転換を目指す」「そうした教育を実現するため、学校は『ゆとり』のある教育環境で、『ゆとり』のある教育活動を展開する。そして、子供たち一人一人が、大切にされ、教員や仲間と楽しく学び合い活動する中で、存在感や自己実現の喜びを実感しつつ、『生きる力』を身に付けていく」と言うのである（ただし、「ゆとり教育」の真のねらいは、一握りの「創造的人材」と大多数の「従順な労働者」を育成する能力主義の徹底にあると、三浦朱門前教科審会長は後に喝破している）。

ところが、今回の答申では、何のことわりもなく、この「ゆとり」と関係のある説明がすっぽり抜け落ちてしまっている。これだけでも、そこには重要な変化があったと見なければならないだろう。

「ゆとり」にかわって「生きる力」の理念を根拠づけるものとして新しく持ち出されてきたのは、「知識基盤社会」とかOECDの「キーコンピテンシー」の概念である。すなわち、「知識基盤社会」の時代では、「知識は、日進月歩であり、競争と技術革新が絶え間なく生まれる」、「知識の進展は、旧来のパラダイムの転換を伴うことが多く、幅広い知識と柔軟な思考力に基づく判断が一層重要になる。」「知識・技能は、陳腐化しないよう常に更新する必要がある」などと述べて、社会経済の各分野のみならず、知識分野においても国際的なきびしい競争が進む社会において生き抜くためには、「基礎的・基本的な知識、技能の習得や、それらを活用して課題を見出し、解決するための思考力、判断力、表現力等が必要である」としている。つまり、前回のように「教育の基調の転換」ということで、知識の教育と、自ら学び自ら考える力などの「生きる力」の育成とを、するどく対置させるような論調は弱まり、基礎的・基本的な知識の教育の必要性を一応認めるものとなっている。

だが、知識教育のとらえ方においては、学問の最前線における知識の日進月歩の状態やきびしい競争と、学校教育で取り扱う知識との区別がとられておらず、学校の教科教育において教えられる知識や技能は、科学や諸学問の基礎的・基本的な知識を確固たる基盤に据える必要があるという考えが見られないのは大きな問題である。

(2) 「基礎・基本」の習得と個性重視の裏に潜む思想

教育課程を「基礎的・基本的な内容」に精選し、「基礎・基本の教育」を重視するということがしきりに言われるようになったのは、一九七七年の指導要領改訂の時からである。以後、学習指導要領改訂の度にほぼ同じ文言が繰り返されてきている。その際、注目されるのは、

「基礎・基本の重視」と「個性や能力に応じた教育」とがいつも対になって主張されていることである。

一九九八年改訂の現行指導要領では、端的に「基礎的・基本的な内容の確実な定着を図り、個性を生かす教育の充実に努めなければならない」とされている。そして、今回の新指導要領総則においても、「基礎的・基本的な知識及び技能を確実に習得させ、これらを活用して課題を解決するために必要な思考力、判断力、表現力その他の能力をはぐくむとともに、主体的に学習に取り組む態度を養い、個性を生かす教育の充実に努めなければならない」と、終わりはやはり「個性を生かす教育の充実」によって締めくくられている。

「基礎的・基本的内容の習得」と「個性を生かす教育」とのどちらに重点があるのかが問題である。中教審答申の全体の文脈や最近の教育改革の動向から判断すれば、後者の方に力点があることは明らかである。

「個性重視の原則」を教育改革の基本原則とした臨教審答申以来、「個性を生かす教育」の名の下にそれまでの「画一的で平等主義的な教育」を排し、教育の「多様化」「選択の機会」の拡大といった改革路線が一貫してとられてきた。今回の改訂も、その多様化路線をいっそう強力に推し進めようとしている。

ところで、一九七七年の改訂では、多様化は高校段階、しかも中学年以降において「多様な内容を個人の能力・適性等に応じて選択履修」するとし、高校低学年の段階までは「基礎的・基本的な内容を共通に履修」することにしていたのだが、八九年の改訂では、中学1年から選択履修の方針を打ち出し、九八年改訂では、さらにそれを徹底して「小学校高学年から、選択能力の育成を重視し課題選択などを取り入れ、中学校においては学年段階に応じ漸次選択幅の拡大を図るとともに、高等学校においては、生徒による選択を基本」にするとしている。

要するに、「国家・社会の一員として社会生活を営む上で必要とされ」、共通に履修する「基礎的・基本的な内容」は、どんどん縮小され、レベルも下げられてきている。そのことと「個性を生かす教育」とか「習熟度別指導」の重視とは不可分に結びついているのである。

(3) 国家のための教育へ

今回の中教審答申でもう一つ大きく変わった点がある。

すなわち、「改正教育基本法等をふまえた学習指導要領改訂」（答申二二頁）という項目の口の次のような文言をたどっていくと、新学習指導要領の目指す重要な方向性の一つが浮かんでくる。

「教育基本法第二条に規定された教育の目標において、今後の教育において重視すべき理念として、……個人の価値の尊重、正義と責任などに加え、新たに公共の精神、生命や自然を尊重する態度、伝統や文化を尊重し、我が国と郷土を愛する……ことなどが規定された。このような観点から、今回の改訂においては、……伝統や文化に関する教育や道徳教育、体験活動の充実、環境教育などを重視し、道徳のほか、社会や理科、音楽や美術、特別活動といった教科等の具体的な教育内容を改善する必要がある。」今回の「学習指導要領改訂の基本的な考え方」として、第一にこれがあげられているのである。ここからは、「個人の価値」をたっとび、「子供たち一人一人が大切にされる」教育よりも、「伝統や文化を尊重し、我が国と郷土を愛する」態度を養うことを重視する、国家のための教育に重点を移そうとする政治家たちの思惑への追従が読み取れるのではないか。

この点は、中教審委員の一人である安彦忠彦も、明からさまに認めている。すなわち、改正教育基本法体制下での今回の学習指導要領改訂は、「国家・社会のための国民の育成」という方向を明確に打ち出した「第三の教育改革」とも呼び得る改革の一環であり、「現行の学習指導要領が示している個性や個人の特性に配慮した指導の一面が後退し、」「国家、社会への教育を重視した」ものだとしている（安彦忠彦「学習指導要領改訂の方向性」『教職研修』教育開発研究所、二〇〇八年二月号）

今回の改訂に顔をのぞかせている国家主義教育への傾斜は、一面では行き過ぎた自由競争原理の導入に対する反動という見方もあり得るが、他面では「お国のために命を投げ出しても構わない日本人を生み出す」（教育基本法改正促進委員会設立総会二〇〇四・三・二五における民主党西村慎悟議員の挨拶の言葉、『朝日新聞』朝刊二〇〇四年三月二六日）ような教育実現に向けての第一歩ともなりかねないものとして警戒する必要があろう。

2　教育方法の改善に重点をおいた改訂

現行学習指導要領の理念とされる「生きる力」の育成

において重視されてきた「思考力・判断力・表現力等」が諸種の調査によって明らかにされたように、子どもたちに十分に身についていないことについて、中教審答申は、その趣旨が、学校関係者や保護者に十分に理解されなかったことに問題があるとして、責任をもっぱら他に転嫁し、この一〇年間にしてきた文教行政についての自己反省とか自己批判は、まったく見られない。

そこで、つぎに出される具体的対策は、本来の教育課程とか教育内容の問題というよりは、教育方法の問題に改善の重点がおかれている。こうした指導方法のあり方にまで、学習指導要領の法的・画一的な拘束力が及んでくることには、十分に警戒する必要があるだろう。

なかでも、学習活動を「基礎的・基本的な知識・技能の習得」と、「それらを活用する思考力・判断力・表現力等の育成」とに二分類しようとしていることには、大きな問題がある。両者がむしろ統合的に行われる学習活動こそが大切なのであって、そのためにはそのような学習活動を可能にする学習内容の系統性が重要となるのだが、内容論を抜きにした指導法の二分類の結果、自ずと前者では「暗記、暗唱、反復練習」といった方法が重視されることになる。

そして後者では、「各教科等における言語活動の充実」が取り上げられていることは一応よいとしても、「記録、要約、説明、論述といった学習活動」を万遍なくあげるにとどまり、本来もっと重視されるべき「討論学習」のとりあげ方はきわめて弱い。これでは、十分な思考力の発達は望めないだろう。

3　教育内容に関する主な改善事項

(1)　言語活動の充実——PISA型「読解力」への対応

教育内容の主な改善事項の第一に、「各教科等における言語活動の充実」をあげている。これは、PISAの「読解力」調査で日本の子どもの読解力の低さが明らかになったことへの一つの対応策と言えよう。

PISA型の読解力というのは、国語科だけの問題ではなく、表・図・グラフ等の非連続型テキストから情報を取りだし、その意味を理解し、熟考し、評価することが求められ、あらゆる教科に関係する能力である。そこで、各教科の指導に当たって「言語に対する関心や理解を深め、言語に関する能力の育成を図る上で必要な言語環境を整え、生徒の言語活動を充実すること」が求められている。そのことはよいとしても、本来もっと重視されるべき「討論」のとりあげ方は弱く、批判的リテラシー育成についてはまったくふれていない。

情報化社会への対応の観点からいっても、批判的リテラシーの育成が重要であるにもかかわらず、「情報教育」に関しても「情報モラール」の指導の充実にはふれても、批判的思考力の育成にはふれていない。批判的思考力など育ててほしくないという、日本の政治家たちの本音を反映させているのだろう。

(2) 道徳教育の充実

「学校における道徳教育は、学校の教育活動全体を通して行う」ことを基本原則としながら、小・中学校の道徳教育は、今次改訂においても「道徳の時間」を「道徳教育の要」として「特別活動をはじめとした各教科等における道徳教育との密接な関連を図りながら、計画的・発展的に道徳的価値や人間としての生き方について自覚を深め、道徳的実践力を育成すること」とされている。

しかし、道徳の時間の指導は、実際には「指導が形式化して」、文部科学省が行った調査（平成一七年三月）によっても、学年の段階が上がるにつれ、「子どもたちの受け止めがよくない」という実態、つまり道徳の時間が「ためになる」と感じている子どもが、中学校では半分以下で、四九・八％、四〇・八％、三九・七％と学年が進むにつれて下がっているという事実が指摘されながら、道徳の時間を「特別の教科として位置づけ、教科書を作成することが必要」といった意見が、政治家の間ではなお根強いようである。

この問題については、かって「道徳の時間」が特設されるとき（一九五八年）から賛否両論がはげしく交されてきたという経緯があるし、諸外国での経験に照らしても、より徹底した専門的検討が必要であるにもかかわらず、審議会で十分な議論がなされたとは思えない。より適切な教材を用意し、しっかり時間を確保しさえすれば、効果をあげることができるといった政治家たちの安易な発想に、審議会も追従しているように思われる。

さらに、学校教育法の改正により、義務教育の目標として「伝統と文化を尊重し、それらをはぐくんできた我が国と郷土を愛する態度を養う」という項目が取り入れられたことによって、愛国心教育の形式的な押し付けがいっそう強まるようになることが憂慮されよう。

(3) 小学校段階における外国語活動の導入

この「活動」は、教科として位置づけることもなく、年間三五単位時間、週一コマで「積極的にコミュニケーションを図ろうとする態度の育成を図ることを目標」にするという。外国語教育としては極めて中途半端な対策である。小学校低学年の子どもが喜ぶ程度の「活動」で、「言葉への自覚を促し、幅広い言語に関する能力や国際感覚の基盤を培う」（答申六三頁）ことができるなどとは、とても思えない。大量の「英語嫌い」をつくることになりはしないか、憂慮される。

指導者の養成、教育条件の整備など、中学校英語教育の改善、充実と合わせて早晩、根本的な見直しと改革を迫られることになるだろう。

(4) 総合的な学習の時間の位置づけ

前回の改訂において見られた、この時間創設への大きな期待、すなわち「これまでの知識を一方的に教え込むことになりがちであった教育から、自ら学び自ら考える教育へと、その基調の転換を図り」、「自ら学び、自ら考える力などの『生きる力』をはぐくむことを目指す今回の教育課程の基準の改善の趣旨を実現する極めて重要な役割を担うもの」と位置づけた時のような熱意は完全に薄らいでいる。

「地域や学校の特色に応じた課題についての学習活動」の例として、小学校では「地域の人々の暮らし、伝統と文化など」、中学校では、「職業や自己の将来に関する学習活動」をあげた点のみが小中で異なっているが、むしろ、各学校段階ごとの「ねらい」を明確にすることの方が、各学校での主体的、創造的取り組みをより可能にするのではないか。

ところで、横断的・総合的な学習の課題として、「国際理解、情報、環境、福祉、健康など」があげられているが、これらの現代的課題をとりあげる場合、その多くは論争的問題でもある。欧米の学校では、このような論争的問題を積極的に取り上げ、摸擬裁判などを行ったりして、対立する双方の意見を生徒たちに検討させている。総合的な学習の時間を活性化させるためには、このような学習活動こそを奨励すべきであろう。

(5)「国語」の学習指導内容の不確かさ

国語科の「教科内容」は、改訂の基本方針や具体的事項を見ても、依然として曖昧なままである。「言語文化に親しむ態度」を育てることが全体として強調されているが、この態度がどのようにして育てられるものなのか、その内容も方法も明らかにされていない。

二〇〇四年三月の文化審議会答申「これからの時代に求められる国語力について」では、「教科内容をより明確にする」ことを求め、国語科教育の大きな目標の一つは、「情緒力と論理的思考力の育成にある」と言い、情緒力の育成を中心とした「文学」と論理的思考力を中心とした「言語」という二分野に整理することを提案していたのだが、この提案がほとんど生かされていない。

「文学」の教育的意義について述べることもまったくなく、「文学」という言葉さえ一言も出ていない。国語科において文学教育を行うことは、国際的には常識となっているが、そのような観点がまったくないのである。

したがって、「言語文化に親しむ態度」については、「物語や詩歌などを詠んだり、書き換えたり、演じたりすること」とか、「音読や暗唱を重視する」といったことを述べるだけで、「読み」の能力を高めるためにはどのような指導内容が求められるかについて民間の研究で積み上げられてきているような成果も生かされていない。

また、論理的思考力の育成に関しては、文化審議会の答申においても「文章の構成や論理の展開にそって、内容を読み取ることができる」「事実や意見を区別して読み取ることができる」といったことを述べるにとどまっている。「事実と意見などを読み分ける」ということは、現在の中学校指導要領にも書かれていることで、この区別くらいはそれほど難しいことではない。むしろ、事実の取捨選択のなかに筆者の意見が表れていることを読み取り、そのことを含めて文章を批判的に吟味する「批判的リテラシー」の能力を子どもたちに育てることこそが、国語科教育の重要な課題だと思われるのだが、そのことについてはまったくふれていないのである。

2　国語科「読解力」の定位と育成のための具体策

大内　善一（茨城大学）

1　ＰＩＳＡ型「読解力」に関する言説の不毛

ＯＥＣＤの学習到達度調査「ＰＩＳＡ」の結果をめぐって、国を挙げて騒然たる状況が続いてきた。筆者はこうした状況に一定の距離を置いて対応してきた。理由はいくつかある。その一つは、ＰＩＳＡの「読解力」が国語科の範疇を大幅に超えるものであることによる。ＰＩＳＡの「読解力」は次のように定義されている。

> 自らの目標を達成し、自らの知識と可能性を発達させ、効果的に社会に参加するために、書かれたテキストを理解し、熟考する能力。

この定義による「読解力」の内実はかなり巨大である。その分、その内実が具体的に見えてこない。しかも、このＰＩＳＡの「読解力」をめぐる言説の中では、ＯＥＣＤが用意した調査問題のためのテキストと設問を実際に取り上げて分析し、そこからＯＥＣＤが求めている「読解力」の内実を丁寧に洗い出すという作業がほとんど行われていないのである。若干の分析を試みた文献はあっても、それらは問題文の一部であったり、他人が言及した分析の借用である。これでは、従来の国語科で考えられてきた「読解力」との異同がほとんど見えてこないのである。

ＯＥＣＤが使用したテキストは通常の文章を「連続型テキスト」とし、図やグラフ等を「非連続型テキスト」として区別している。二〇〇三年の調査問題における両者の比率は連続型テキスト」が全二八問中一八問で六四パーセント、「非連続型テキスト」が一〇問で三六パーセントであった。

これらの分析から、PISA型「読解力」の内実がいくらか見えてくる。不十分ではあるが、筆者はかつて次のような特徴としてまとめてみた。

> ① 文章の他に図やグラフ等も含めた様々な情報の内容を吟味して的確に読み取る。
> ② 文学的な文章の読解ではなく、解説文等の読解が主要な対象となっている。
> ③ 読み取ったことをもとに、自分の意見を論理的に記述する、といった「書く力」も要求されている。
> （拙稿「文章及び図表・写真等の映像からの情報を吟味して摂取し活用する能力」日本言語技術教育学会編『言語技術教育15』二〇〇六年、明治図書、四六頁）。

従来の国語科における「読解力」育成のための指導では、①や②がやや不足していたと考えられるが、全く手つかずであったわけでもない。①については、筆者達の共同研究の成果としてまとめた『国語科メディア教育への挑戦』一～四巻（井上尚美他編、二〇〇三年、明治図書）等による梃子入れがある。

一方、このPISA型「読解力」に国語科も正対すべきであると主張してきた鶴田清司は「これまでの言説や議論を見ると、PISAの『読解力』と国語科の読解力との異質性ばかりが強調される傾向にある」と指摘した上で、「実際は、前者は後者の基礎の上に成り立っているのである」（『「読解力」を高める国語科授業の改革―PISA型読解力を中心に―』二〇〇八年、明治図書、三九頁）と結論づけている。

さて、ここで問題となるのは、鶴田が言うところの「後者の基礎」すなわち「国語科の読解力」の内実である。鶴田は、右の著書の中で「国語科の読解力」の定義を行い、その内実を明示した上で、「PISAの『読解力』」に関する考察を行っているわけではない。

望月善次は「定義なしの『読解力』考察がどんなに危険なものであるかというのが、筆者の基本的認識である」と述べて、「『読解力向上』を問題とするならば、『読解力』をきちんと定義・定位すべきである」（「日本文化全体の危機という認識と『読解力』の定義・定位」『教育科学国語教育』二〇〇七年二月号、八～十頁）と主張している。

筆者がＰＩＳＡ型「読解力」騒動に一定の距離を置いてきた二つめの理由もここにある。従来の国語科「読解力」はどのように定義・定位されてきたのであろうか。事柄・内容を的確に読み取る力が「読解力」なのだろうか。文章の形式的な側面である様々な表現技法の特質を理解する力が「読解力」なのであろうか。国語教育界では、この問題が依然として放置されたままである。要するに、「形式的言語操作主義」と「内容主義」二元論という問題である。この問題について筆者は、かつて「叙述形式と叙述内容とを一元的に指導する」（『教育科学国語教育』二〇〇三年十一月号）と題した小論を提起したことがある。

ともあれ、筆者としては、主要には以上の二点の理由から、ＰＩＳＡ型「読解力」をめぐる積極的な対応には一定の距離を置いてきたのである。ＰＩＳＡ型「読解力」騒動に巻き込まれていれば、これまで放置されてきた国語科「読解力」をめぐる問題はますます忘れ去られていく。確かに、鶴田清司が指摘するように、ＰＩＳＡ型「読解力」は、国語科「読解力」の上に成り立っている。しかし、だからと言って、ＰＩＳＡ型「読解力」を喧伝しても国語科「読解力」は一向に明らかにはならない。それればかりか、この間のＰＩＳＡ型「読解力」騒動の中で、肝心のＰＩＳＡ型「読解力」の正体そのものまで見えにくくなっている。その内実があれもこれもと膨張し過ぎている。国語科の枠内を遥かに超えるものとなっている。これでは、国語科「読解力」の解明からは程遠くなるばかりである。原因は、最初に指摘したように、ＯＥＣＤが使用した調査問題テキストの詳細な分析・考察がなおざりにされたところで、日本の高校一年生の「読解力」低下が騒がれてきたところにある。

ＰＩＳＡ型「読解力」の長短得失と国語科「読解力」の内実の究明がなおざりにされたところで、「読解力」低下という言説に便乗しても国語科授業の改革は一向に図れるものではない。かえって、国語科授業に混乱を招くだけである。ＰＩＳＡ型「読解力」騒動はもう幕引きにしても良いだろう。

2　国語科「読解力」の定義・定位

ＰＩＳＡ型「読解力」騒動の中で、明るい希望を抱かせられた出版物があった。安藤修平監修／国語教育実践理論研究会著『読解力再考・すべての子どもに読む喜びを～PISAの前にあること～』（二〇〇七年、東洋館出版社）である。本書が国語科「読解力」の内実を適切に明らかにしているわけではない。しかし、監修者の次の言明に込められた志向は貴重である。

> タイトルに「PISAの前にあること」と加えたのは、あれこれと右往左往する「前に」自らの「読みの学習づくり」を見直し再構築すること（まだまだ独りよがりや形式的な授業が多いではないか）が肝心であり、また、PISAで急に迫られどうしようと騒ぐ「前に」、私たちの実践・研究でも明らかになったように、遥かに「前に」つまり先達の遺産を再評価し、実践に生かすことこそ肝要である、と考えたからである。
>
> （まえがき）

筆者の志向も右の言明に込められた志向と重なる。ただ、本書の中でも、国語科「読解力」なるものの定義が行われているわけではない。そこで、次に筆者が考えている国語科「読解力」の定義を行っておく。

> テキストの記述・叙述形式面と記述・叙述内容面とが一体となって、テキスト作成者独自のものの見方・考え方を表しているということを読み解く力。

ここで言う「テキスト」とは、言うまでもなく文章教材や図表・写真等の映像教材を指している。文章教材の場合であれば、その記述・叙述形式が単なる付加的な技術・技巧でないことは言うまでもないことである。また、単に効果的な伝達の手段だけでないことも新しいレトリック理論が明らかにしているところである。すなわち、波多野完治や佐藤信夫が明らかにしてきたように、「文章修飾の創造」は「新しい考え方の創造」（波多野完治著『文章心理学大系2文章心理学の理論』一九六六年、大日本図書、一五二頁）であり、「レトリック」は「発見的認識の造形」（佐藤信夫著『レトリック認識』一九八一年、講談社、五～十五頁）なのである。

3　記述・叙述形式と記述・叙述内容とを一元的に指導する

(1)　国語科「読解力」育成のための教科内容の定位

筆者はかつて国語科教育実践の事実・集積と様々な関

連諸学に学びながら、『国語科教材分析の観点と方法』（一九九〇年、明治図書）という教材分析論を提起した。この本の中では、次のような「教材の分析観点」を提示した。これが筆者の考えている国語科「読解力」育成のための「教科内容」である。文学教材にも説明文教材にもいずれにも適用できる分析観点を取り出してある。

Ⅰ　教材の分析観点としての表現・修辞
1　表現方法／2　表現技法（修辞法）／3　文末表現／4　語彙・語句／5　句読法・表記法／6　さし絵・写真・図表
Ⅱ　教材の分析観点としての文章構造
1　文章の構成／2　主要語句の連鎖／3　視点
Ⅲ　教材の分析観点としての発想・着想
1　文章制作の動機・意図／2　題材・素材の選び方、とらえ方／3　構成意識／4　表現態度

右の観点の下位項目として約五十項目を提示しているが、ここでは省略に従う。筆者がこれらの「表現・修辞」「文章構造」「発想・着想」の三本の柱を設定する際に主要な拠り所としたのは、修辞学理論にある「創構Inventio」「展開Dispositio」「表現Elocutio」の三部門である。この三部門は「発想Invention」「構成Disposition」「修辞Elocution」と言い換えられる。これらを従来の教材分析論の成果を踏まえて設定した三本の柱が上記の「発想・着想」「文章構造」「表現・修辞」である。順序は、微視的な観点を先頭に立てて提示することにした。

以上の「教科内容」としての分析観点は、いわば記述・叙述形式面である。これらの言語形式面を記述・叙述内容面と一体として指導していくことで、国語科「読解力」は育成できると考えている。そこで、以下に実際の読みの教材を用いて、これらの分析観点に基づいた教材分析と授業の構想（授業の目標と発問作り）までを提案してみよう。

(2)　「白いぼうし」の授業の構想

筆者はかつて共同研究として『「白いぼうし」の教材研究と全授業記録』（『実践国語研究』第一一九号、一九九二年、明治図書）に取り組んだことがある。この授業研究では、全十時間の指導計画を立てて、一つの「指導内容」を一時間かけて指導していく方式を取った。この「指導

内容」を設定するに際しては、「白いぼうし」という教材の中に見出せる普遍的・客観的な「教科内容」を教材分析によって取り出して、これを教材の叙述内容に沿って、例えば次のように一元的な形で表した。

> ①〈伏線〉が人物（女の子）の正体や物語の展開を暗示していること。
> ②〈表記法＝段違い表記〉が情景（蝶の飛ぶ様子・複数の音声・音声の強弱）を視覚的・聴覚的に描き出すために用いられていること。
> ③〈題名〉が作品の筋立て（＝プロット）と密接に結びついている〈素材〉によって表されていること。

　右の「指導内容」の中で冒頭に記載されている〈会話〉〈反復の筋〉〈伏線〉〈表記法〉〈冒頭・末尾〉〈色彩語〉〈題名〉等が「教科内容」としての叙述形式である。これらに続いて記載されている「人物の性格・人柄」とか「人物の正体」「情景」等が叙述内容である。

　これらの①から③までがそれぞれ一時間ずつ指導されることになる。一時間ずつの目標もこれらの「指導内容」を「理解させる」という記述になる。このような目標の設定方法は、従来のあらゆる目標には見られない大胆な方法である。

　従来の目標では、例えば「もんしろちょうの代わりに夏みかんを置く松井さんの様子や心情を読み取る」といったものがほとんどである。このような目標では、ほとんどの授業が事柄・内容中心の読みか心情読みに陥る。そこで、大胆にも叙述形式面である〈会話〉〈伏線〉〈表記法〉といった表現技法をトップに記載してしまうことにしたのである。続いて話の内容である叙述内容をつなげることで、叙述形式面と叙述内容面とを一元化した形で指導することが可能となるのである。

　さて、続いて、①から③までの「指導内容」を指導するための発問・指示について見ていこう。

> ①の「指導内容」を指導するための発問
> ・松井さんは、小さな女の子が一人でタクシーに乗ることをおかしいと思わなかったのでしょうか。
> ・3の場面で、どこか変だな、不思議だなと思ったところはないですか。
> ②の「指導内容」を指導するための発問
> ・「松井さんには、こんな声が聞こえてきましたと書

> いてありますが、松井さん以外の人には聞こえたのでしょうか。
>
> ・「よかったね。」「よかったよ。」の部分をみんなで声に出して読んでみましょう。
>
> ③の「指導内容」を指導するための発問
>
> ・もし、みなさんがこのお話に別な題名をつけるとしたら、どんな題名をつけますか。
>
> なぜこのお話に「白いぼうし」という題名がついたのか、そのわけを考えてみましょう。

このような発問・指示によって、〈伏線〉〈表記法〉〈題名〉等の叙述形式としての表現技法が「小さな女の子」の正体、「蝶の飛ぶ様子・複数の音声・音声の強弱」等の視覚的・聴覚的効果、お話の「素材」と「筋立て（＝プロット）」との結びつきといった、叙述内容と密接な関わりがあることを理解させることが可能となろう。

(3)　「ビーバーの大工事」の授業の構想

読みの教材における「指導内容」を文章の形式面と内容面とから一元的に取り出す方法は文学教材だけでなく、説明文教材においても同様である。以下に、説明文教材「ビーバーの大工事」を例にしてその「指導内容」を記述形式・記述内容とを一元化した形で取り出してみよう。

この教材は、「ビーバー」という見たことも聞いたこともない特殊な動物のことを小学二年生の子ども達にも理解できるように説明した文章である。ビーバーは動物園にはいない。動物園では飼育不可能なとんでもない生態と習性とをもった動物である。鋭い歯で森林の木を囓り倒して、長さが四百五十メートルもあるような巨大な川幅の流れを大きな木でせき止めてしまい、湖のようにして、その中に、これまた島のように大きなすみかを作ってしまうという、想像を絶する動物なのである。

このように特殊な動物のことを小学二年生に理解させるために、筆者がどのような表現手段を用いているか、この部分がこの教材への切り口（＝教材の分析観点）となるのである。

その切り口を取り出してみよう。①「ビーバーの大工事」という〈題名〉、②「ガリガリ、ガリガリ」「ドシーン、ドシーン」「ぐいぐい」といった〈声喩＝オノマトペー〉、③「一メートル」「二メートル」「四百五十メートル」「五分間」「十五分間」等の数詞、④「大きい歯は、まるで、大工さんのつかうのみのようです」「おは、オールのような形をしていて、上手にかじをとります」「まるで、水の上にうかんだしまのようです」等の〈比喩法〉である。「ビーバーの大工事」という〈題名〉も〈比喩法〉である。

これらの四つの切り口から、この教材の核心部に切り込んでいくのである。核心部は「ビーバー」という動物の凄まじいまでの《習性・生態》である。四つの切り口から切り込んでいくと、ことごとくこの「ビーバー」の《習性・生態》に直結していくのである。

「ガリガリ、ガリガリ」は、木を囓る歯の鋭さ・強さ、「ドシーン」は、ビーバーが囓り倒す木の重量感を、「ぐいぐい」は、仕事をするビーバーの力強さを表している。④の三つの比喩法も全て、ビーバーの習性や生態を具体的に描写しているのである。

「ビーバーの大工事」という題名がなぜ付けられたのかを考えさせる指導を一時間かけて行うことができる。最初に「ビーバーの巣作り」という題名を板書して、なぜこの題名でなく、「ビーバーの大工事」という題名が付けられたのかについて考えさせるのである。「巣作り」と「大工事」という表現の違いに気づかせるのである。「巣」という言葉からは、「雀の巣」「小鳥の巣」「モグラの巣」といった小さな巣しか、思い浮かんでこない。どんな巣を取り上げても、「ビーバー」の巣の巨大さに匹敵するものがないことに気づかせて、この動物のとてつもない《習性・生態》を表すのに最も相応しい題名がこの「ビーバーの大工事」なのだということに気づかせるという趣向である。

このように、①から④までの記述形式面が、ことごとく「ビーバー」という動物の《習性・生態》すなわち記述内容面を表していることを理解させ、そのつながり方について子ども達に考えさせる授業に仕組むのである。

3　ＰＩＳＡ型「読解力」の本質

福田　誠治（都留文科大学）

1　コンピテンシーとリテラシー

ＯＥＣＤが開発した国際学力調査ＰＩＳＡは、伝統ある「国際数学・理科教育動向調査（ＴＩＭＳＳ）」に比べ、「読解力」を付け加えた点が大きな特徴となっている。

ＯＥＣＤは、義務教育段階の学力を「キー・コンピテンシー」として規定しているが、この見解はＥＵ、つまり欧州委員会教育文化総局と一致している。コンピテンシーとは実践的な汎用能力を指す。「キー・コンピテンシー」とは、様々なコンピテンシーから最大公約数的に「相互交流的に道具を使用する」能力、「異質集団の中で相互交流する」能力、「自律的に行動する」能力の三つを取り出したものである。ＯＥＣＤは、「相互交流的に道具を使用する」コンピテンシーのうち、道具として言語・情報、数学、科学を使用する能力のうち、社会的に基礎となりうる部分を測定できる形で取り出してそれぞれ「読解力」「数学的リテラシー」「科学的リテラシー」と呼んだ。

ＯＥＣＤのスタンスでは、この「リテラシー」を測定しておけば、学力の総体は把握できるという。なぜなら、「リテラシー」が高ければ、知識や技能は学習途中で学んでいるはずだと見なすのである。逆に言えば、知識量が多いとか技能が正確でスピードが速いという指標を測定しても、それほど意味がないと判断したことになる。知識が足りなければその場で探せばよい、技能が足りなければ最新バージョンを習得すればよいということになる。「リテラシー」が高ければそれができるだろうというわけだ。

「読解力」「数学的リテラシー」「科学的リテラシー」の三つに限定したのは、産業社会に対応させたのだろうという批判もあるが、OECDは経済団体であるから当然といえば当然のことである。また、子どもたちは産業社会で生きていくわけで、これまた当然といえば当然のことである。これらは欠かすわけにはいかない重要なものである。逆に言えば、三つの「リテラシー」だけでは学力として領域的に足りないといえば、その通りである。だが、それらを測定すべきであるかどうかは、意見の分かれるところである。

また、コンピテンシーは教科横断的に形成されるものであり、当然に「リテラシー」も教科の枠には収まらない。

2 なぜOECDは「読解力」に着目したのか

では、なぜこのような能力にOECDは注目したのか。それは、EUのおかれた状況と切り離せない。EUでは、国にして二七、人口にして四億九〇〇〇万人の労働力が国境を越えて動く。一つの職場には、ドイツ人もいればフランス人も、オランダ人もいればイタリア人もいて、そこにトルコの移民もアルジェリアの移民も加わる。ヨーロッパでは、多文化・多言語・多民族の人々が社会で共存する能力、とりわけ言語・情報を道具として担われる「読解力」が重要になる。

つまり、「読解力」とは、ある民族の伝統や精神を前提としない、むしろそれを乗り越えようとする能力のことである。だから、「読解力」と「国語」とは、その成り立ちから言って馴染まないものである。

一九八〇～九〇年代は、アメリカの財政的裏付けによって、OECDは、私営化（民営化）、学校選択、教育内容の標準化、国際テストに向けた研究と政策形成を推進することになった。転機の始まりは、『危機に立つ国家』（一九八三年）だった。レーガン大統領は、冷戦構造を意識して、科学の成績を向上させようとした。そこで、合衆国政府、とりわけ教育省は、OECDに国際教育指標事業を行うように提案した。そこでは、成果主義に基づく公共政策、いわゆる新公共管理（NPM）への組み替えも意図されていた。

OECDは、特定の国家の特定の利害関係に縛られることを避けようとしたが、一九八七年のワシントン会議においてアメリカは教育研究革新センター（ＣＥＲＩ）から撤退することさえほのめかした。ユネスコ脱退という前例が念頭に浮かび、ＯＥＣＤは従わざるを得なかったという。

複雑な国際関係の結果、ＯＥＣＤのＣＥＲＩは、一九八八年より、「国際教育指標」事業を開始することになる。この事業の結果は、年報として発行されることになった。この年報は、一九九二年より『図表で見る教育』として刊行されることになる。開始当初には三六だった指標が、年々拡充されて今日に至っている。ＯＥＣＤは、一九九〇年代から今日までの二〇年間、教育指標開発の牽引車であった。

アメリカはＯＥＣＤに対して、国際到達度評価学会（ＩＥＡ）と同様の活動を期待したが、ＯＥＣＤは、アメリカの言いなりにはならなかった。ＯＥＣＤは、新規に特別の専門家を採用し、教育指標事業の企画・実行に関する情報を集めた。またＯＥＣＤは、世界銀行、ＥＵ、ユネスコと共同歩調をとり、互いに合意をとりながら、慎重に行動を展開した。

一九九〇年代より、ＯＥＣＤは、教育の目的を経済成長から「健全な経済」に向けた人的資本の形成へと重点を移した。その時、社会資本、とりわけ人と人のつながり、協力関係が注目され、「社会的結合力」の育成が着目された。

ＯＥＣＤは、二〇〇二年のこと、イギリス政府統計局と共同して社会資本測定に関わる会議を開催し、アメリカで精力的に調査を実施してきたパットナムの提案を検討した。マックゴーＯＥＣＤ教育局長は社会資本と福利に関する質問をＰＩＳＡに含めることが望ましいと発言し、他のメンバーはそれに同意したという。

引き続いて二〇〇四年には、ダブリンにて、ＯＥＣＤ教育閣僚会議が開催されたが、パットナムが基調提案を行い、「社会結合」の重要性を強調した。会議では、次のようなことが確認された。社会資本とは、社会的なネットワーク、信頼、相互依存のことであり、「社会結合」を広く支えるものである。教育は、市民教育を通して、また学校が地域のセンターとなることや、課外活動を通して、さらに教育研究所の活動を通して、社会資本や「社会結合」を支援することができる。移民や他の要因で増え続ける社会的多様性は、実際には社会を豊かにするものである。社会正義や公正さは、「社会結合」への前提条件である。学校は、結合力ある共通文化を創ることができる。しかしながら、選別をすることで、学校教育は、性、宗教、特別な教育ニーズ、年齢、収入によって、社会集団を分断することもでき、時にはまた要請されている「社会結合」を分断することもできるのだ。相互に支援を提供し合い、教育制度に中心目標を打ち立てるには、一方では質と卓越性を、他方では公正さと正義とを相互に組み合わせなくてはならない。教育の結果だけでなく、社会資本と「社会結合」もまた測定するような評価の枠組みは、ＯＥＣＤが援助できる本質である、と説明されている。

アメリカ社会が社会の諸結合、諸規範、信頼関係といった「社会資本」と呼ぶべきものを欠いていることを発見し、パットナムはそれを「奇妙な消失」と呼んでいるのだと政治学研究者のニコラス・ローズは説明している。だとすると、ヨーロッパはアメリカが消失したものを復活させようとしていることになる。

これらの流れを受けて、マックゴーＯＥＣＤ教育局長は、「人的資本を作り上げるだけでは不十分だ」「社会資本とは、グループ内あるいはグループ間で協同を促進するような規範、価値、理解を共有した相互ネットワークであり、結合力ある諸社会を発展させ、維持するためにも不可欠のものだ」と、人的資本を社会的に稼働させる社会資本としてとらえ直している。

このように社会資本の強調が、「協力社会」へのシナリオとなって、ＯＥＣＤが寄って立つ新自由主義に彩りを添えている。さらにそのよって立つ世界観を、マックゴーＯＥＣＤ教育局長は、「経済成長と自然環境の持続可能性とのバランスであり、社会結合を伴う個人の成功、そして社会的不平等の削減である」と、『キー・コンピテンシー』（二〇〇三年）の前書きで述べている。明らかにアメリカの社会展望、ひいてはその学力観とは異なる。

「みんなちがってみんないい」という社会において、異なる者同士を言語・情報を使っていかにして結びつけるかというところに「読解力」の神髄がある。異なる者が違いを強調して足の引っ張り合いをしては、社会は成り立たない。違いがありながらも、それぞれの長所をうまく組み合わせるように頭を働かせることが重要だ。

集団の和を協調して、異なる者の異なる能力を切りそろえ、一つの答えに押し込めるような教育では、「読解力」は育たない。

3　生きる力と「キー・コンピテンシー」は同じか

中央教育審議会「教育課程部会」における審議では、『生きる力』は、その内容のみならず、社会において子どもたちに必要となる力をまず明確にし、そこから教育の在り方を改善するという考え方において、この主要能力（キーコンピテンシー）という考え方を先取りしていたと言ってもよい」という解釈になったそうだ。そして、その「キー・コンピテンシー」を、①社会・文化的、技術的ツールを相互作用的に活用する力、②多様な社会グループにおける人間関係形成能力、③自立的に行動する能力、と紹介している。

まず、②は誤訳である。heterogeneousの意味が分からなかったらしい。これは、homogeneousと対をなすことばである。正確には、②は「異質集団内で相互交流する」力と訳すべきで、異なる能力、異なる考え方の人間が集まる集団の中でコミュニケーションできるかどうかが問われているのである。同質な集団で、考え方が同じなら、わざわざコミュニケーションしなくても意見の一致ははかれる。だから、異質な集団の中で「生きる力」を育成するには、、習熟度別編成のような教育方法は否定されるのである。

キー・コンピテンシーと生きる力は、ことばは似ているが、土台の哲学が異なる。だから、日本では、「生きる力」を強調しながら、総合学習の時間を削減するという矛盾を平気で行えるわけである。

「生きる力」という日本の解釈では、正しい答えに合わせるようにすることが教育である。その結果、皆の行動は一致する。答えは一つ、知識も一種類しかない。これは古い学力だ。一つの物さしの上下が学力の違いになるというわけだ。

西欧の場合、人間は一人ひとり違う、つまり異質なものなので、多様な人間の一致点を少しずつ増やしていき、またそれぞれのよいところを組み合わせてもっと大きな力が出るようにコミュニケーションの能力を育てようとする。これが「読解力」の真のねらいである。そして、これは新しい学力である。つまり、持っている知識や技能は人それぞれ違っていて、相手や場面に合わせて使い分けていかなくてはならないというのだ。答えは一つではない。また、すぐその場で出てくるものでもない。ねばり強く解決に向かって、情報を集め、自分の考えを修正し、人間や自然に向かって働きかけ、解決を成し遂げなくてはならない。「読解力」とは、これらの行動を系統づけ、調整し、対象や自分とコミュニケーションする力のことであり、そこにはメタ認知機能も含まれるものである。

4　表現力・作文力・ディベートで読解力は伸びるか

ある中学校の校長が、「PISAで、フィンランドの子は書いて間違っているのに、日本の子は書かないで間違っていたことに、大きな課題を感じていた」（「フィンランドの子、なぜ優秀」『朝日新聞』二〇〇七年一二月六日）と分析しているが、このような着眼点では本質がそらされてしまう。

確かに、日本の子どもたちには、文章題、それも自由記述式になると無答という白紙答案が目立つ。では、表現力を養えばよいのか。

しかも、その表現力には、内容はともかく、論理性が重要であるという指導がなされる向きもあるようだ。

世の中には、「フィンランド・メソッド」とか言って、カルタ（系統図）や問題解決学習を強調する方法が宣伝されている。だが、そのようなものはアメリカでもやっているものだ。

意外なことに、日本の子どもたちの弱みでありフィンランドの強みは、「考えて書く力」、いわゆる「表現」ではなく、その前段階であった。

PISA二〇〇〇は、読解力を詳しく測定した。「情報取出」「解釈」「熟考」の三段階で評価しようとした。「熟考」とは、じっくり考えるという熟考という側面と、考えている自分をコントロールする自分というメタ認知機能の側面があるので、筆者は「省察」と訳しているが、ここでは通例にならって「熟考」とする。

さて、OECDの平均点が500にそろえてあるので、フィンランドは、「熟考」よりは「情報取出」と「解釈」の得点がきわめて高いということがわかる。実は、「熟考」の得点は、カナダ（542）、イギリス（539）、アイルランド、フィンランド（533）、日本

PISA2000の分野別成績（平均点）

	読解力				数学的リテラシー	科学的リテラシー
	情報取出	解釈	熟考	総合		
フィンランド	556	555	533	546	536	538
韓国	530	525	526	525	547	552
イギリス	523	514	539	523	529	532
日本	526	518	530	522	557	550
アメリカ	499	505	507	504	493	499

国立教育政策研究所編『生きるための知識と技能：OECD生徒の学習到達度調査(PISA)，2000年調査国際結果報告書』ぎょうせい，2002年，5，7ページより作成。

（532）という順になっている。このことは、どう分析すべきだろうか。自分の意見をはっきり述べるという点でフィンランドがずば抜けているというわけではない。それよりもフィンランドの子どもたちは、必要な情報を探してきたり相手の意見を解釈するのが上手なのだ。おそらく、自分と異なる意見でもそれを正確に解釈する力があるのだろう。この点が、日本では誤解されているようだ。

日本の子どもたちは、比較すれば、「情報取出」や「解釈」がそれほど上手ではないのに、自分の意見を述べる「熟考」の点数が高いということになる。このことは、日本の子どもたちは、相手かまわず、相手の意見に関連なく自分の意見を言っているのではないかと推測する他ないだろう。

フィンランド人の得意なプロセス、「必要な情報を探してきたり自分と異なる意見を解釈する」という過程は、複雑な現代社会において新しい可能性を探る上で重要なプロセスである。知識を常に探求する、自分とは異なる意見でも正確に解釈するという姿勢が、ここで問われているわけだ。決まった結論を知識として覚えるのか、それとも自ら調べ、考えて知識を構成していくかという、学習観の違いがこんな意外なところにも現れている。

そうなると、日本人に苦手なのは「表現力」だという結論は早計である。むしろ必要な力は、自分に足りない情報はどこにあるだろうかと探し、自分の考えとどこがなぜ違うのかと考えること、つまりまさに「内容」に関わることであり、「内容よりは論理性」というメソッドでは重要な力が育たない恐れがある。むしろ、逆に、自己主張を「論理」的に武装することで、他人の意見を撃退してしまうことになり、「情報取出」や「解釈」を害することになるかも知れないのである。

筆者の体験した「フィンランド・メソッド」の授業では、意見文を書いてみましょうといって次のようなシートが用意されていた。

①わたしは、〇〇に「賛成」「反対」です。

②その理由は、「……（ここに自分の意見を入れる）……」

③確かに、「……（ここに対立する側の意見を入れる）……」

④しかし、（だが、けれども）「……（ここに相手の意見を否定する論理を入れる）……」

⑤以上を考えると（だから、したがって、つまり）「賛成」「反対」です。

ここで、賛成か反対かは、自分の意見ではなく先生によって選ばされる。そして、学習した後も、結論は変わらない。自分が選ばされた立場のままなのだ。

思い起こせば、アメリカで強調されるディベートは、自分の思想的立場に関わりなく論争に勝つ技能が重視される。だが、このことこそ、アメリカの強みでもあり、弱みでもある。

自分の立場やことの善悪、つまり「内容」いかんに関わらず、論理のみを重視して論争に勝つことを考えれば、それは論敵の失敗を素早く見つけ、相手の論理的欠陥を攻撃することになりやすい。いわゆる、揚げ足取りがうまくなるわけである。このような力を持ったアメリカのエリートを、政治学者ウォリンは、「能力があって、不屈で、攻撃的で計算高く、しかも搾取的な人物」と描写している。

読解力とは、言語・情報リテラシーともいうべきもので、言語などの記号をつかって思考したり、コミュニケーションしたり、計画を立ててそれに照らして行動を評価・調整したりするような能力である。したがって、自分の考えを変え、よりよくすることこそ読解力だ。

「私は今まで……と考えていました。しかし調べてみると、……ということが分かりました。今では、……と考えるように変わりました。」というシートは作れないものか。

4　「おかしな文章」問題と「言語論的転回」の再転回
――「ＰＩＳＡ型読解力を超える」に応えて

須貝千里（山梨大学）

本稿の目的は、改訂学習指導要領の国語科に「ＰＩＳＡ型読解力」問題がどのように影を落としているのかを明確にし、その問題点を解明していくことにある。なお、念のために確認しておくならば、「ＰＩＳＡ型読解力」とは「自らの目標を達成し、自らの知識と可能性を発達させ、効果的に社会に参加するために、書かれたテキストを理解し、利用し、熟考する能力」のことである。

1　「この文章、おかしくありませんか。」

本年三月二八日に告示された新学習指導要領は、「改正」教育基本法を前提とし、「ゆとり教育」を見直し、「学力向上」をめざしている。従来からの「生きる力」という教育目標を引き継ぎ、「総合的な学習の時間」及び全教科（もちろん「国語科」を含む。以下同様。）で「思考力・判断力・表現力」を育成することを課題としている。そのために、「総合的な学習の時間」及び全教科における「言語力」の向上と国語科における「国語力」の向上を重視している。「言語力」向上の提起に「ＰＩＳＡ型読解力」問題の現れを見ることができる。「国語力」の向上の提起に、それを「伝統的な言語文化」で囲い込んでいこうとする志向性を見出すことができる。「言語力」とは、「論理」的な「コミュニケーション」能力のことである。「国語力」とは、「論理」の「自己正当性を帰属社会の「伝統的な言語文化」によって囲い込み、その正当性を担保していこうとするものである。こうした「国語力」の提起は「言語事項」が「伝統的な言語文化と国語の特質に関する事項」に変えられている点に端的に現れている。

しかし、「言語力」と「国語力」の、「開国」と「鎖国」とでも言うべき二重化を、国語科において一元的に受けとめようとしたときに、改訂学習指導要領の国語科の「話すこと・聞くこと」「書くこと」「読むこと」の「領域目標」の記述に文意の不透明さが生み出されることになる。そこに「ＰＩＳＡ型読解力」問題によって照らし出される国語科の混迷を見ることができる。

たとえば、中学校の改訂学習指導要領の国語科には、

> 目的や意図に応じ、様々な本や文章などを読み、内容や要旨を的確にとらえる能力を身に付けさせるとともに、読書を通してものの見方や考え方を広げようとする態度を育てる。（「読むこと」の「領域目標」　中学1年）

とある。

これは文意が不透明である。文頭の「目的や意図に応じ」が、である。何を指しているのかが分かりにくい。この箇所は、「目的や場面に応じ」と言い換えられている場合もあるが、中学校の改訂学習指導要領の「領域目標」のすべての文頭に、こうした文言が記述されている。小学校では「**相手**」「**目的**」「**意図**」などの文言が用いられているが、基本的に同様である。

現行学習指導要領の国語科では、「様々な種類の文章を読み内容を的確に理解する能力を高めるとともに、読書に親しみものの見方や考え方を広げようとする態度を育てる。」（「読むこと」の「領域目標」　中学1年）となっている。これならわかるのだが、改訂作業のどこかの時点で「領域目標」は改変させられ、文意は不透明になっている。

正確に言うならば、小学校では、現行学習指導要領の「領域目標」においても、低学年（第1学年・第2学年）の「書くこと」「読むこと」を除いて、全学年、全領域の冒頭に「**相手**」「**目的**」「**意図**」に「応じ」という文言が登場している。小学校の改訂学習指導要領はこうした事態を引き継いでいる。中学校では、現行学習指導要領の「領域目標」において、「話すこと・聞くこと」の領域の記述の文中に「目的や場面に応じて」とあるが、改訂学習指導要領においては、全学年、全領域の冒頭に「**目的や意図（場面）に応じ**」という文言が登場している。こ

のことによって、文意の不透明さが、小学校・中学校の改訂学習指導要領の国語科のほとんどすべての「領域目標」を覆っている。この事態の問題の本質は、すでに小学校の現行学習指導要領の国語科の「領域目標」において、学年があがるにつれて「**相手**」という文言が消えて、「**目的**」、次いで「**意図**」という言葉が一人歩きし出すことによって顕わになっている。同じことが、改訂によって、小学校にとどまらず、中学校にまで及んだということである。

2　〈文脈〉問題の等閑視

このことは「日常生活」や「社会生活」の「目的や意図（場面）に応じ」ということだと言われるだろう。そうであるならば、このことは否定されることではない。しかし、引用した改訂学習指導要領の国語科の「領域目標」を記す一文は、そのようには読まれないのではないか。

この書き出しは、「指導事項」に循環し、癒着していく仕組みになっているのではないか。「相手」という文言が消滅し、登場する、「**目的**」「**意図**」（場面）という文言は「指導事項」を指す文言として読まれるのではないか。そうであるならば、「**応じ**」は、その「習得」と「活用」に「応じ」と読まれて、そこから逆算して学習が考えられていく仕掛けとなっている。そのために、小学校においても、中学校においても、現行学習指導要領においては「指導計画の作成と内容の取り扱い」に置かれていた「言語活動」例が、改訂学習指導要領においては「各学年の目標及び内容」のなかに配置されるという変更がなされ、知識・技能の「習得」と「活用」の一体化が図られた、ということになる。

たとえば、「読むこと」の「領域目標」に対応する「言語活動」例（中1）は、

ア　様々な種類を音読したり朗読したりすること。
イ　文章と図表などとの関連を考えながら、説明や記録の文章を読むこと。
ウ　課題に沿って本を読み、必要に応じて引用して紹介すること。

となっている。

「言語活動」例が、「領域目標」の「目的や意図（場面）

に応じ」の具体例として読まれることが求められている。そうであるならば、そこから「活用」型授業が考えられていくことになる。そのなかで「指導事項」の「習得」を、より確実に図っていくという、改訂学習指導要領の理想が「**目的や意図（場面）に応じ**」問題には隠されている。

このことは、国語科において、今後、「活用型」授業か、「習得型」授業か、その折衷か、という議論を巻き起こしていくことになろう。前者の授業は「目的や意図（場面）に応じ」に「言語活動」例を代入し、後者の授業は「目的や意図（場面）に応じ」に「指導事項」の「能力」と「態度」を代入する。

しかし、こうしたことは問題の表層である。これが問題ならば、「習得」と「思考力・判断力・表現力」を繋いでいるのが、「活用」である、というように原則にかえって対応すればよい。それだけのことだ。より本質的な問題はそうしたことではない。

問題は、「習得」であろうと、「活用」であろうと、「読解力」向上を言いながら、どちらにしても学習対象の〈文脈〉の掘り起こしを看過していることにある。〈文脈〉の裁断を前提にしていることにある。「指導事項」の「習得」と「活用」が「教科目標」と「領域目標」にすりかえられることによって、こうした学習の自己目的化を招来していく。その結果、「指導事項」が学力とされてしまう。改訂学習指導要領の国語科の「領域目標」の「能力」という用語は、このことを隠蔽する働きをしていることになる。正確に言うならば、現行学習指導要領では、「能力」という用語は中学校だけで用いられていたのだが、改訂学習指導要領では、小学校でも用いられるようになっている。そのようにして、〈文脈〉問題の隠蔽の構造は小・中一貫されることになった。

より本質的な問題はこうしたことである。この事態は、一九七〇年代中盤の「ゆとり教育」、一九九〇年代初頭の「新しい学力観」の推進力であった、上からの教育版「言語論的転回」＝相対主義・アナーキーによって出現した事態である。この事態は排除すれば事が済むという事態ではない。それは「言語論的転回」以前の正解主義の国語教育ということになり、そこに戻ればよいということにはならない。「言語論的転回」によって出現した事態は、上からのものであろうが、下からのものであろうが、受け入れることが「これからの国語教育のゆくえ」

問題の前提である。このことは近代社会と近代教育の必然的な到達点である。

しかし、このことは、「思考力・判断力・表現力」の根拠＝〈文脈〉の掘り起こしとその根拠を問うことをすり抜け、「自己正当化」という事態を拡散していくことになる。この事態を放置してしまってよいのか。このことは問題にされなければならない。にもかかわらず、「PISA型読解力」はこの問題を放置し、「自己正当化」という壁の内側にとどまっている。「思考力・判断力・表現力」の育成にとっての道具として、「言語力」が位置づけられている。「自らの目標を達成し、自らの知識と可能性を発達させ、効果的に社会に参加するため」の「言語力」としての「書かれたテキストを理解し、利用し、熟考する能力」は、そうした性質のものである。このことは徹底的に問われなければならない。

国語科以外は、「教科目標」なり、「領域目標」なりが、目指されるべき「思考力・判断力・表現力」の到達地点として設定され、そのための「言語力」が求められており、問題が見えにくい。国語科は、「開国」と「鎖国」という、相反した二つの力によって引き裂かれ、このことに正対することを避けるために、「教科目標」なり、「領域目標」なりが「指導事項」と癒着し、「思考力・判断力・表現力」の到達地点は見失われ、問題が見えやすくなっている。

3　「第三項論」へ

「言語力」が「思考力・判断力・表現力」問題にかかわっていくときに、「自己正当化」問題に直面してしまうという事態に対して、改訂学習指導要領が無能なわけではない。「国語科」に重要な責務を与えている。それが改訂学習指導要領の国語科において、「言語事項」を「伝統的な言語文化と国語の特質に関する事項」に改変するという選択肢を浮上させることになった。そのことによって、「思考力・判断力・表現力」の根拠を担保しようとしている。「言語力」と「国語力」はそのように構造化されている。

しかし、この戦略は本質的に分裂を抱え込み、「言語論的転回」は受け入れられ、拒否されている。なぜか。「伝統的な言語文化」に実体主義で応えようとしているからである。「総合的学習の時間」及び全教科での「言語力」＝「思考力・判断力・表現力」の育成は、そのことを前提にしている。この事態は「言語論的転回」を換骨奪胎してしまう。なぜならば、実体主義は「自己正当化」問題を不問に付した上で成り立っているからである。何を「伝統的な言語文化」とするかどうかは、「判断」の問題であり、「自己正当化」を免れることはできない。にもかかわらず、決めつけようとしているからである。

「国語力」は「言語力」を実体主義によって囲い込む。このことが、国語科では「伝統的な言語文化」の重視が「領域」ではなく、「事項」の中にくくられることになった所以である。そのことによって、「領域」に対する超越性を確保しようとしている。そして、「音読」「暗唱」、このこと自体は大切なことであるが、それらを自己目的化し、〈文脈〉の掘り起こしを看過していく。こうしたヌエ的事態を改訂学習指導要領は抱え込んでいる。今までもそうした傾向がなかったわけではない。しかし、今回は自覚的に意図的に、である。「目的や意図（場面）に応じ」問題には、〈文脈〉問題が、実体か、非実体か、という二元論が、かつ曖昧な二元論が、いまだ放置されているという問題が孕まれている。そのことによって、教育する側の「判断」が、学習する側の可能性を一方的に支配する。前者の〈文脈〉が優位とされ、後者の〈文脈〉は斥けられてしまう。これは二元論が生み出すニセ相対主義、エセ絶対主義の必然であり、それゆえの〈文脈〉問題の混迷である。このことは代々の学習指導要領に胚胎し続けている、いや国語科の始まりとともに潜み続けてきたベクトルの顕現である。しかし、こうした事態は、「自己正当化」に公共的な根拠がないことを知ってしまった時代＝「言語論的転回」の時代に向き合いきれていない。

この事態を超えていくためには、実体主義に回帰するのでも、非実体主義にとどまるのでも、両者を折衷するのでもなく、〈文脈〉が想定可能な実体性として問題にされなければならない。言葉の意味の実体性を、「思考力・判断力・表現力」の根拠の絶対性として見出し、そのことによって「自己正当化」という事態を囲い込んでいくことが求められている。田中実氏が提起する「第三項」論が求められる所以である。

〈言葉の力〉問題を中心として国語科を再構築していくとは、こうしたことである。これが「ＰＩＳＡ型読解力を超える」という提起によって照らし出される問題の核心である。

4 国語科の課題

現行の、日本中のほとんどの学校の「指導要録」の「国語科」の評価項目に「思考・判断」という項目はない。「観点別学習状況の評価の総括及び評定への総括についての考え方」の「総論」がそのことを求めているにもかかわらず、である。この国語科のみとも言える事態を前提にして、今回の学習指導要領国語科の改訂作業はなされていった。それゆえに、当初は現行通り、「思考・判断」問題にあまり踏みこまない方向、それを評価事項として取り上げなくて済むような方向で改訂作業は進められていったというように推測される。そして、改訂作業のどこかの時点で、国語科にも「思考・判断」問題が挿入され、紆余曲折し、結果として、問題は換骨奪胎されていった。

このことは、改訂学習指導要領の「総則」の文言の「読点」の省略にも胚胎している。

（前略）基礎的・基本的な知識及び技能を確実に習得させ、これらを活用して課題を解決するために必要な思考力、判断力、表現力その他の能力をはぐくむとともに（後略）

この文章は、「基礎的・基本的な知識及び技能を確実に習得させ、これらを活用して（、）課題を解決するために必要な思考力・判断力・表現力その他の能力をはぐくむとともに」と「基礎的・基本的な知識及び技能を確実に習得させ、これらを活用して課題を解決するために（、）必要な思考力・判断力・表現力その他の能力をはぐくむとともに」というように、「読点」をおく位置を変えると意味が変わってしまう。

前者は「総合的な学習の時間」及び全教科の「言語力」の立場であり、知識・技能の「習得」と「活用」は前提、その上で「思考力・判断力・表現力」が「課題を解決するために」求められているように読み取ることができ、後者は国語科の「国語力」の立場であり、「思考力・判断力・表現力」が知識・技能の「習慣」と「活用」それ自体のことであるというように読み取ることができる。こうしてみると、何をさすのかが不明の、改訂学習指導要領の国語科の「領域目標」冒頭の「目的や意図（場面）に応じ」は、「総則」の両義性に対応し、後者の立場を導入することができる、そのような仕掛けになっている。

　こうした問題点を見据えた上で、国語科の「思考力・判断力・表現力」問題を、他教科の水準まで押し戻していく、この取り組みの必要性を、わたくしは「さしあたり」提起する。これは、まず「教科目標」「領域目標」と「指導事項」の癒着の構造を断つことを求める提起である。それは前者の「読点」の立場を選択することになる。このことは、平成一四年二月に国立教育政策研究所教育課程研究センターが提起した、「観点別学習状況の評価の総括及び評定への総括についての考え方」の「総論」が提起している「評価及び評定」の「思考・判断」を含んだ四観点に正対し、「思考・判断」を排除している国語科の独自の五観点を改めることを提起することになる。

　これは改訂学習指導要領の「総則」に反して提起しているのではない。その両義性に対する選択である。しかし、このことは、実体主義に依拠することなく、「思考力・判断力・表現力」の根拠を問うことを不可欠の問題として白日のもとに晒すことになる。このことは、国語科においては〈文脈〉の根拠を問うことを不可欠の問題として白日のもとに晒すことになる。言葉の意味の絶対性の問題を白日のもとに晒すことになる。「PISA型読解力」に応えることは「PISA型読解力」を超えることになる。実体主義によらずに、「自己正当化」を超えていくことを探求し続けていくことになる。それは「言語論的転回」の再転回という課題を国語科の課題とすることになる。

　このようにして、「さしあたり」の提起は問題の極限に向かわざるをえず、国語科の大転換を志向していく扉の前に、わたくしたちを立たせてしまう。

付記　本稿と直接関連した拙稿に、次の三編がある。①「「平成一四年二月の変」と第三の道――「ノリジュン」「モトジュン」騒動の中で何が起こっていたのか」（『読み研通信』第七一号　二〇〇三年四月　科学的「読み」の授業研究会）、②「池田晶子「言葉の力」の位置――言語観の転換のために――」（『日文協　国語教育』第三八号　二〇〇八年五月　日本文学協会国語教育部会）、③「「亡霊退治」の時代へ――「国語のため」に――」（『国文学　解釈と鑑賞』第七三巻七号　二〇〇八年七月号　至文堂）である。②③は「「言語論的転回」の再転回」問題について詳述したものである。乞う、ご参照。

5　なぜ、日本は、ＰＩＳＡ読解力テストの得点が向上しないか？
――「ＰＩＳＡ型読解力」から「国際的な読解力」へ

有元　秀文（国立教育政策研究所教育課程研究センター）

1　日本人のＰＩＳＡ型読解力は、まったく向上しないばかりか状況は悪化している。

二〇〇六年ＰＩＳＡ読解力調査の結果が公表されたが、二〇〇三年からまったく向上していないことがわかった。二〇〇三年調査で得点が大幅に低下したショックから全国的に読解力向上の取り組みがなされたはずなのだが、なぜ全く向上しないのだろうか。

①　自由記述問題無答率の経年変化

日本人の最大の弱点は自由記述問題で、その証拠は日本の無答率が際だって高いことだ。これは、「書いてあることを根拠にして自分の意見を表現する」という西欧で常識とされている国際的な読解力がほとんど普及していないからである。

図1のように、二〇〇〇年の第1回調査から日本の無答ＯＥＣＤ平均より8ポイント高く、2割を超えている。その後も日本の無答率は高く、徐々に増え続け第3回の二〇〇六年には、6年前より3ポイント増加している。つまり向上どころか悪化の一途をたどっている。

②　熟考・評価の自由記述問題の無答率

自由記述問題の中でも日本人の最大の弱点は熟考・評価である。これはクリティカル・シンキングに基づいたクリティカル・リーディングで、現行の学習指導要領には取り入れられていないのでできなくて当たり前である。図2のように、熟考・評価の無答率は、3回の調査ともＯＥＣＤ加盟国の平均無答率より高く、二〇〇〇年調査からだんだんに増加し、二〇〇六年は二〇〇〇年よ

図1　自由記述問題の無答率の変化（共通問題10問）

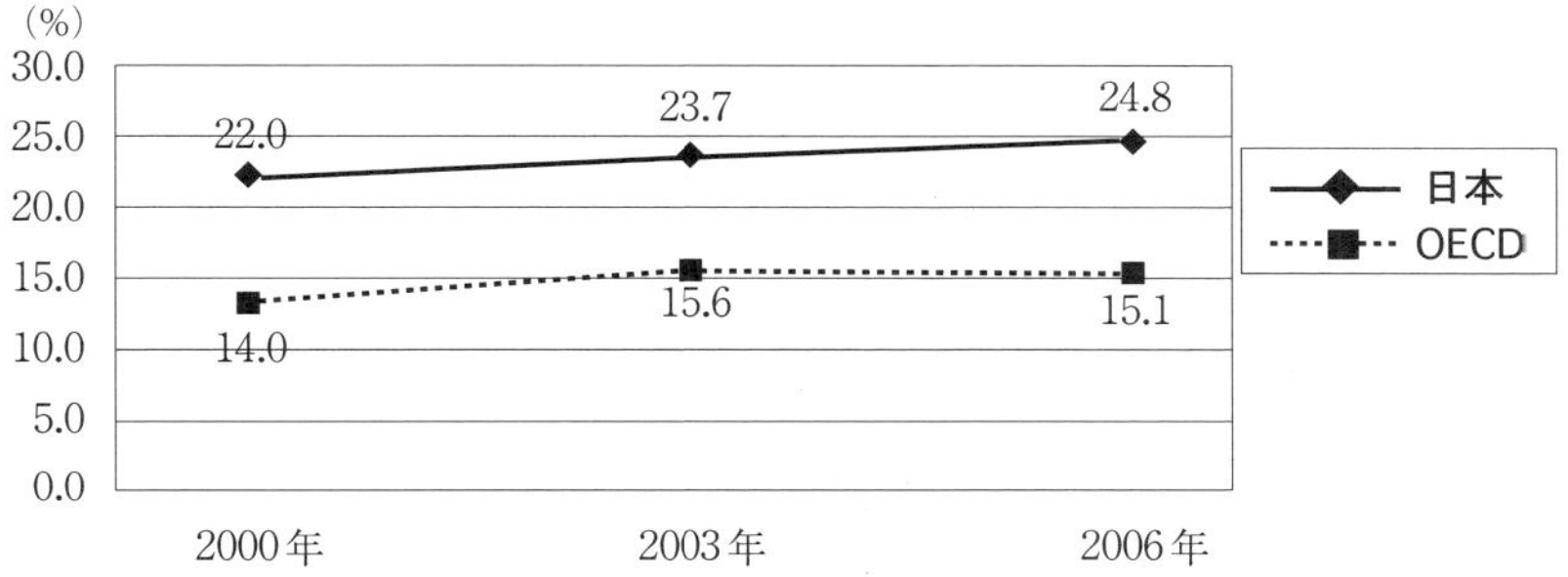

図2　自由記述熟考・評価無答率（共通問題7問）

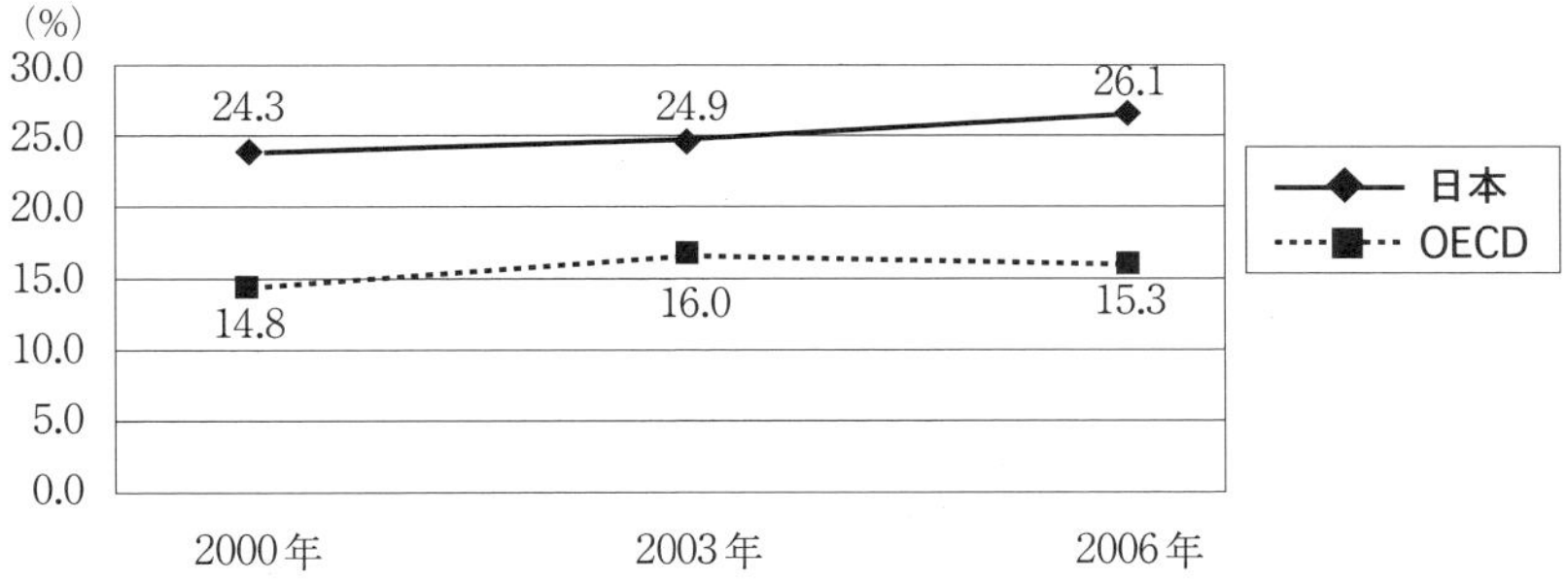

り約2ポイント高い。

また、3回の調査とも、熟考・評価の無答率は自由記述全体の無答率より1～2ポイント高い。

2　ＰＩＳＡ読解力テストの得点が向上しない五つの理由

読解力向上に取り組んでいる学校が全国的にはかなりあるのに、なぜ得点がまったく向上しないばかりか、無答率が上昇しているのか考えてみた。

①　国際的な（ＰＩＳＡ型：以下同じ）読解力の授業を取り入れる必然性が納得できない教師が多い。

急速に国際化し、急激に価値観が多様化する国内で、日々表れる困難な課題を解決しながら人生の目標を達成し充実した人生を送るためには次のようなコミュニケーションを通した国際的な読解力を身につける必要がある。

・自我を確立させ、文章や図表などのテキストを正確に理解した上で、クリティカルに評価・批判しながら読んで、課題を発見して、自分の意見を根拠を挙げて言える。

・読んだことについてのお互いの意見について根拠を挙げて建設的に批判し合いながら、課題を解決することができる。

その理由は、国際社会は容易に相互理解ができない社会である。落書きを肯定する者と否定する者のような、異質な集団がわかりあうためには、明確な根拠を挙げた論理的なコミュニケーションが不可欠である。これをグローバルコミュニケーションという。それを達成するには、クリティカル・シンキングと課題解決型の討論技術を身につける必要がある。

また、日本のように成熟した社会は、年齢や集団によって、価値観が非常に異なる相互理解の困難な社会に日増しになっていく。そのような成熟社会では、国際社会とまったく同じ論理的なコミュニケーションを行わないと意思疎通ができない。

例えば、受験競争の激しい時代に育った世代には今の子供たちの無気力が理解出来ない。子供たちの言い分もよく理解しながら、論理的に根拠を明らかにして対話しなければ相互理解は不可能である。

② 国際的な読解力の具体的な指導法がわからない教師が多い。

ほとんどの教師は自分が国際的な授業を受けたこともないし、指導法を教わったこともない。

ではなぜ同じような状況にあるはずの韓国はフィンランドを抜いて一位になったのか。韓国はPISAに対応するために、カリキュラム改革でディベートと作文を重視し、大学入試問題を国際的な問題に変えたからである。韓国はアメリカの教育法をこだわらずに積極的に取り入れている。

一方、日本は今までの殻を韓国のようにすばやく脱ぎ捨てることができない。新学習指導要領は、PISA型読解力の考え方を大幅に取り入れているが、多くの従来の内容も温存している。

日本の個々の教師が自力で変わるのは困難である。新しい指導要領の背景にPISAショックがあることを教育界のリーダーが理解し、教科書と指導方法、さらに今かなり変わりつつある入試問題がもっと本格的に変われば、必ず日本の無答率は減る。

③　国際的なオープン・エンドの発問の意義と方法がわからない教師が多い。

オープン・エンドとは正解が多様にある問である。例えば、「あなたがごんだったら兵十にどんなおわびをしますか」というような熟考・評価の問がオープン・エンドである。

ＰＩＳＡの自由記述問題はほとんどがオープン・エンドである。ところが日本ではまだ教師だけが正解を知っていて、そのたった一つの正解以外は認められないという授業が少なくない。教師の中には、正答が一つに絞られないと安心できないという人も多い。これではＰＩＳＡに対応できないばかりか独創性や創造性、個性は育たない。

例えば、小学校でよく、教師が答を言わせた後「同じですか？」とみんなに尋ねて、「同じでーす」と一斉に答えさせるような授業法がまだあるが、これでは個性の発揮はできない。

ＰＩＳＡは個人主義の欧米で生まれたものである。集団主義の日本人がＰＩＳＡを体得するのは簡単なことではない。

④　クリティカル・リーディングの意義と方法がわからない教師が多い。

クリティカル・リーディングとは、作品にけちをつけることでもあら探しをすることでもない。「批判的読み」と言っても誤解を招く。かつて「批判読み」という言葉が、政府批判など政治的な批判に使われたこともあるからだ。

クリティカル・リーディングを一方的な批判だと思ったら大きな間違いである。

クリティカル・リーディングとは正確な理解にもとづいて、課題を発見し、よいかわるいかを評価して価値判断することである。だからプラスの評価もマイナスの評価も公平に行う。実際には一人で頭の中だけで行うのではなく冷静なグループ討論を通して作品の価値を評価することを指すことが多い。

⑤　課題解決型のグループ討論の意義と方法がわからない教師が多い。

課題解決とは、困難な課題について、お互いに根拠を挙げて意見を言い、討論してお互いの意見を批判しあい、最適な解決法を探ることとである。

グループ学習して、一人一人の子どもに意見を言わせるところまではどの教師もできる。そこから先に進み、最適な方法を探るところまで議論を進めさせるには相互批判ができなければならない。

「○○はおかしいんじゃない。○○したらいいよ。なぜなら○○だから。」のような相互評価を、感情的にならず仲良くできないと課題解決には至らない。

3　なぜ、日本の生徒はとくに自由記述問題が不得意なのか？

その理由は、次の4点に集約できる。

①　授業中に自分の意見を述べる機会が少ない。国語でも理科でも、ＰＩＳＡ調査で諸外国と比べると圧倒的に日本は話し合いの時間が少ない。

学級定数が多すぎることも討論の授業には障壁だ。しかし、韓国は日本同様学級定数が多いので学級定数が多いことをいいわけにしてはいけない。

②　記述問題に慣れていない。

小学校のドリルから、中・高の定期テスト県立高校の問題に至るまで西欧に比べ格段に記述問題が少ない。西欧は記述問題が半分近くあるのに日本は多くて２割程度の場合が多い。韓国が急速にＰＩＳＡの得点を上げたのも、大学入試問題が変わり塾がＰＩＳＡに対応した訓練を行ったからだと言われている。

日本の入試問題も中高一貫校や県立高校でＰＩＳＡ型を一部取り入れ始めたがもっと大幅に取り入れてよい。

③　意見を述べる場合、とくに、多様な正解を許容する国際型のオープンエンドの問になれていない。

記述問題でも一つの答を要求し、意見を述べる場合でも唯一の正解を求めることが多い。

これを変えるにはオープンエンドの発問の作り方を学ぶ必要がある。有元のウェブサイトhttp://www.nier.go.jp/arimoto/index.htmlのリーディング・リテラシーというサイトに多くの実践事例があるので発問を参考にしてほしい。

④　意見を述べるときにも意見を書くときにも、意見の根拠となる明確で適切な根拠を「教材文の中から」挙

げることを厳しく求められる国際型の指導が徹底していない。

本文と関係ない、自分の憶測や体験だけから意見を言っても、意見が魅力的なら、日本の教師は高く評価してしまう。しかし、欧米人は意見の根拠が本文と関係ないと、テストなら零点で全く評価しない。その厳しさを多くの日本の教師は身につけていない。

子どもが根拠を挙げないで意見を言っても、「どうして」と問いただす教師は決して多くない。子どもの何割が意見の根拠や理由を言えるかで教師の力量が測られると思うが、事実そうである。

4　国際的な読解力へのよくある誤解

国際的な読解力については公開されている情報があまりに少ないために、次のような誤解をよく見かける。

・公開された少数の問題がＰＩＳＡの全貌だと思う誤解

ＰＩＳＡに対する批判は、公開されたわずか11問を根拠にして行われる。二〇〇〇年の問題はその3倍以上ある。二〇〇九年の問題はその数倍も開発されている。

また、ＰＩＳＡテストはＰＩＳＡだけの特徴でなく、欧米人にとってはごく普通に行われている常識的なテスト形式であることも理解されていない。つまり、公開された問題は、欧米で行われている膨大な読解問題の氷山の一角にすぎないのに、あの11問だけを手がかりにしてＰＩＳＡ型の批判をするのは性急すぎ視野が狭すぎる。

(http://nces.ed.gov/nationsreportcard/itmrls/portal.asp?type=search&subject=reading)

とくに、上の全米学力調査ＮＡＥＰ（ネイプ）の問題はＰＩＳＡに酷似している上に、小4・中2の問題が大量に公開されている。この全貌を見ればＰＩＳＡへの狭い視野からの批判は解消するはずだ。

したがって、ＰＩＳＡを特殊な問題と考えるＰＩＳＡ型読解力とはもう呼ばずに、国際的な読解力（略して国際型）と呼んだ方がよい。

・国際型はＰＩＳＡテストで順位を上げることが目的だと思う誤解

そうではなく、国際社会で通用し身近な課題を解決できる課題解決力をつけるためである。

・日本型の曖昧な発問で国際型の授業ができると思う誤解

「どんな様子かを想像しよう」「考えをまとめよう」のような曖昧な質問ではＰＩＳＡに対応できない。日本人がＰＩＳＡに対応できないのは欧米型の質問に答えられないからである。だから質問を欧米型に変えないと駄目である。

・日本型の国語の授業だけでＰＩＳＡに対応できると思う誤解

クリティカル・リーディングはまったく対応できないし、日本型は細かな発問が多すぎる。

・論理的な文章でないと国際型ができないと思う誤解

逆にフィンランドの教科書などは、文学教材が主である。問い方が問題なのである。

・図表やグラフなど非連続テキストが、主な国際型の特徴だと思う誤解

非連続テキストは日本の子どもは得意である。長い文章を大づかみに把握できないことが問題。

・国際型はつまらなく堅苦しいと思う誤解

逆に、子どもが興味を持つことを最優先して問題をつくっている。落書きや贈り物が日本人にとってつまらなく思えるのは文化差である。日本の各種入試問題に比べれば、ＰＩＳＡははるかに子どもの興味関心を重視している。

・短い文章だけで国際型の読解力がつくと思う誤解

長い文章の全体像を把握できないとＰＩＳＡ型の問には答えられない。

・国際型は難しいと思う誤解

幾らでも易しく楽しくできる。読書へのアニマシオンはクリティカル・リーディングの典型である。学習の遅れた子どもでもアニマシオンをやれば楽しくクリティカル・リーディングが身に付く。

・クリティカル・リーディングは作者への冒涜だと思う誤解

「批判」という言葉を日本語の語感でとらえるから、難癖を付けることのように誤解する。クリティカル・リーディングとは、「本当に価値が高いかどうかを確かめる」話し合いの過程である。

このクリティカル・リーディングをやることによって、読みが深くなり、読み手同士もわかりあうことができる。

・道徳との区別ができないと思う誤解

価値判断をするから道徳と同じと思うが、よく行われ

る道徳のように価値は押しつけない。例えば、日本人の国語教師なら落書きに肯定意見を書いただけで×を付ける人が必ずいるが、クリティカル・リーディングでは根拠がしっかりしていれば高く評価する。

・国際型の討論学習を取り入れると時間がかかって授業が進まないと思う誤解

逆に、全体を繰り返し読んで議論した方が読解力は育つ。授業時数の少ないフィンランドが日本よりはるかに得点が高いのは、よく読み込んでよく議論しているからだ。

・国際型の授業では受験に対応できないと思う誤解

読書力がなければ、問題練習をやっても受験には対応できない。国際型の授業で長文を正確に理解し、自分の意見を表現する訓練を受けた子どもたちの方が、受験問題には対応しやすい。

5　結論：国際的な読解力とは何か？

国際的な読解力とは何かまとめてみよう。

①大人の興味ではなく子どもの興味を最優先する。
②文学作品から実用的なテキストにいたるまで実生活に必要なあらゆるジャンルのテキストを扱う。
③文章だけでなく日常生活に必要なあらゆる視覚的なテキストも対象とする。
④枝葉末節の問でなく、その問に答えることでテキスト全体の本質が理解できる問である。
⑤表面に書いてあることを正確に理解した上で、筆者の意図や登場人物の行動の理由などを推論し、書いてあることを根拠にして読み手の意見を問う。
⑥自由記述問題の解答は必ずテキストに書いてあることを根拠にしなければならない。
⑦自由記述問題は多様な答を許容するオープンエンドである。
⑧クリティカル・リーディングによって課題を解決することを問う。

6 テキストの表現構造・方法を「熟考・評価」するための授業

藤原 顕（兵庫県立大学）

1 「熟考・評価」とは何か

周知のように、PISA型「読解力」には、①「テキストに書かれている」「情報の取り出し」、②「書かれた情報」の「解釈」、③「書かれていること」の「熟考・評価」という三つの認知・言語活動の「プロセス」が含まれる。これらの内、「熟考・評価」は、「テキストに書かれていること」を、子どもたちが自分の「知識や考え方、経験と結び付けて」理解・表現を行うこと、とされる。[1] この「熟考・評価」こそが、PISA型「読解力」において、最も問題含みのものと言って差し支えなかろう。

例えば、物語文「贈り物」をテキストとした問題（二〇〇〇年PISA調査）の問7——「物語の内容」と関連づけて最後の一文の適切性にかかわる「熟考・評価」を行う——については、日本の正答率が三四・一％（OECD平均三七・一％）、同無答率が四〇・七％（同平均二〇・八％）という結果になっている。この調査結果を引きながら、幾人かの論者が、日本の子どもたちにとっての「熟考・評価」の困難さについて論じている。[2]

こうした「熟考・評価」の実際を理解するために、この「贈り物」をめぐる問7について、今少し詳しく見てみよう。「贈り物」は、およそ次のような内容の物語文である。すなわち、主人公である「彼女」の家——底が船の形になっていて水に浮かぶような造り——は、洪水のため水面に漂ってしまう。そうした状態の「彼女」の家に、流木に乗っかって「ヒョウ」が、不意の「贈り物」

のように流れ着く。部屋の中でライフル銃を構える「彼女」と、飢えを抱えつつ外のポーチにいる「ヒョウ」は、水面に漂う家の上で窓を挟んで対峙する。しかし、「彼女」は、最後には自分も食事で食べたスモークハムの残りを、外にいる「ヒョウ」に「贈り物」のごとく投げ与える。その後眠り込んでしまった「彼女」が目覚めた時には、水は引き、家はもと通り地面の上にあった。そして、「ポーチの上には、かじられたハムが白い骨になって残っていただけだった」。このテキストにかかわる最後の設問として、『贈り物』の最後の文が、このような文で終わるのは適切だと思いますか。最後の文が物語の内容とどのように関連しているかを示して、あなたの答えを説明してください」が位置づけられている。[3]

「贈り物」の問7が求める「熟考・評価」については、山本茂喜氏が詳細な分析を行っている。[4] 山本氏によれば、問7に答えるには「物語の『問題―解決』という基本構造にそって物語の主題を設定し、それと『比喩』『象徴』というレトリックとを結び付けて解釈」することが必要になる。この場合、「『問題―解決』という基本構造」とは、物語に見出せる「問題」＝「生き延びる」ために「ヒョウ」を撃つか否かと、その「解決」＝食事をわけ与えることのつながりである。そして、この「基本構造」から解釈できる「慈愛」「共生」といった「主題」と、最後の一文中の「かじられたハム」「白い骨」という「比喩」的・「象徴」的な表現を「結び付けて」解釈し、その「結び付」きの「適切」さについて論じるわけである。例えば、最後の一文の終わり方は適切である、それは「ヒョウ」を撃つかわりに食事を与えたことからわかる「彼女」の優しさを「骨」の「白」さが表しているように思えるからだ、といった内容であれば、「熟考・評価」ができていることになる。つまり、問7は、「テキストに書かれていること」を、子どもたちが「問題―解決」型の物語構造や、理念を具体物で表す象徴的表現の方法といったテキスト外部の「知識」と「結び付けて」、「テキストの形式面」の「熟考」と、その「用い方」の「評価」を行うことを求めている。[5]

このように見てくると、ＰＩＳＡ型「読解力」の「熟考・評価」問題では、テキストの表現構造や、そうした構造をつくり出すための表現方法に関する「知識」が無いことには、妥当な解答が難しいことになる。もちろん、

「熟考・評価」問題は、テキストの表現構造・方法という「形式」面だけではなく、テキストの「内容」面を対象とする場合もある。[6] 例えば、先の「贈り物」とともによく言及される「落書き」の問題（二〇〇〇年調査）の問3では、落書きへの意見を述べた二つのテキストについて「どちらに賛成しますか」と、テキストの内容面にかかわる「熟考・評価」が求められている。[7]

しかしながら、文学の授業であれ説明文の授業であれ、テキストの表現構造・方法面は、内容面に比べれば、これまで必ずしも十分には学習の対象とされてこなかった。例えば、文学の授業で物語の構造を捉える、象徴的表現を見つけて解釈するといった学習活動は、どの教室の授業でも普通に行われてきたものとは言い難い。そこで以下、こうしたテキストの表現構造・方法を授業でどのように扱っていくかという点に絞って、PISA型「読解力」の「熟考・評価」につながっていくような授業のあり方について検討してみたい。

2　テキストの表現構造・方法への着目

まず、国語科授業において、テキストの表現構造・方法に着目しそれを学習の対象としていく試みにかかわって、これまでの研究・実践をふり返っておこう。そのような試みの一つとして、西郷竹彦氏が自身の「文芸学」をふまえつつ、一九八三年に提起した「認識と表現の力を育てる系統指導」案をあげることができる。[8] 西郷氏による「系統指導」案には、例えば、「関連（相関・類推）」という項目が位置づけられている。そして、この項目に即して「客観的にはお互いに関係がないけれども、それを何らかの観点で結びつけた時……あるおもしろい意味が見いだされる」という内容が学習されることになる。こうした「関連（相関・類推）」について子どもが理解しているならば、先の「贈り物」の問7で、物語の「慈愛」「共生」といった「主題」と、「白い骨」という「象徴」的な表現を「結び付けて」、「意味」を見出すことができるかもしれない。

また、テキストの表現構造・方法を学習の対象としていく別の試みとして、言語技術教育があげられる。例えば、鶴田清司氏は、文学の授業において指導されるべき「言語技術」を、「話者と視点」「人物関係」「作品の構成」「イメージ語・色彩語」「比喩・声喩・象徴」という六つの観点から提起している。[9] この内、鶴田氏は、「象徴」を「具体的な事物が暗示する抽象的な観念」と定義している。こうした「象徴」概念について子どもが理解している場合、「贈り物」の問7で、「骨」の「白」さという「具体的な事物」が「彼女」の優しさを「暗示」しているといった解釈を行える可能性が出てくるであろう。

さらに、阿部昇氏ら科学的『読み』の授業研究会（以下、読み研）が提唱する「構造よみ」「形象よみ」「吟味よみ」も、テキストの表現構造・方法に学習の対象としていく試みの一つとみなせる。[10] 仮に、子どもが物語文にかかわる「構造よみ」に習熟し、「導入・展開・山場・終結」という「物語・小説の典型構成」の一「類型」を理解しているならば、「クライマックス」である「彼女」がハムの残りを「ヒョウ」に与えることと、「終結」部分の「かじられたハムが白い骨になって残っていた」ことを関連づけて解釈できるであろう。つまり、「『終結』部分の説明・描写」は、「クライマックスと強く響き合いながら書かれている」という見方をふまえて、「贈り物」の問7にとり組めるわけである。

これらのようなテキストの表現構造・方法に着目して、それを学習の対象としていく試みを参考にすれば、テキストの形式面にかかわって「熟考・評価」ができるような「読解力」を、子どもたちに形成していく見通しを持てるであろう。では、テキストの表現構造・方法を、授業では実際にどのように扱っていけばよいのか、いくつかの授業実践例を手掛かりに検討してみよう。

3 表現構造・方法の「熟考・評価」につながる授業

(1) 表現構造・方法にかかわる解釈

物語文「贈り物」のように、文学作品では、テキストの最後の一文が象徴的意味を担っている場合が多い。例えば、「ごんぎつね」（新美南吉）の最後の一文「青いけむりが、まだつつ口から細く出ていました」は、そうした象徴的意味に富む表現とみなせる。

この点にかかわって、西郷竹彦氏ら文芸教育研究協議会による授業（若元昭二氏による実践）では、「最後のところの〈青いけむりがまだつつ口から……〉っていうところはどんな感じがしますか」という発問で、「青いけむり」に見出せる象徴的意味の解釈を子どもたちに促している。[11] 子どもたちからは、「悲しい感じ」「青いけむりで、青いというところで……ごんの涙みたいな感じ」「青いけむりで、兵十がごんに思っていたのが（憎しみが）消えているような感じ」「安らかな感じ……天国にいくような感じ」といった発言が出ている。

この授業において、子どもたちは、象徴という用語自体は用いていないものの、「どんな感じ」という発問に応じて、「兵十」が「ごん」を撃つという「クライマックス」と関連づけながら、「青いけむり」に見出せる象徴的意味を解釈できているとみなせる。多くの「ごんぎつね」授業では、最後の一文にかかわって象徴的意味を問う試みはなされていないであろうことを考えると、この授業に見られるような試みは、表現構造・方法の「熟考・評価」につながるものとして評価できよう。

今一つ、テキストの最後の一文が象徴的意味を担っている作品として、「川とノリオ」（いぬいとみこ）をとり上げておこう。「川とノリオ」では、「夏」「また秋」といった季節ごとの場面に「川」の描写が織り込まれつつ、最後の場面「また、八月の六日がくる」の最後の一文が、「川は日の光を照りかえしながら、いっときもやすまず流れつづける」となっている。

この点にかかわって、言語技術教育の一つのバリエーションと言える「分析批評」に基づいた授業（佐藤文雄氏による実践）では、「川の流れは何を表しているのか」という発問で、「川の流れ」に見出せる象徴的意味の解釈を子どもたちに促している。[12] 授業でのやりとりをふまえて書かれたノートからは、子どもたちが「川の流れ」から、「平和」「生命」「生きる力」「強い心」といった象徴的意味を解釈しつつ、作品の「主題」に迫ろうとしていることがわかる。

こうした象徴的意味を見出せる作品の最後の一文は、「ごんぎつね」や「川とノリオ」の例からわかるように、多くの場合、物語の筋の展開そのものとは直接的なかかわりを持たない。つまり、その一文が無くても、筋の展開は完結すると言える。そういう意味で、作品の最後の一文のような象徴的表現の解釈を促していこうとする場合、「どんな感じ」「何を表しているのか」といった直截な問い方だけではなく、象徴的表現の機能や効果を問うという観点から発問を構想することもできよう。例えば、「最後の一文は、ある方がいいか無くてもいいか」という発問である。このような表現の有無を問う発問によって、あった方がいい、それは最後の一文が……という意味を持っているから、というように、象徴的意味の解釈を子どもたち促すことが可能になろう。

(2) 表現構造・方法にかかわる「熟考・評価」

ただし、テキストの形式面にかかわる「熟考・評価」に対応していくには、物語の構造を捉えつつ象徴的表現を解釈するといった、「書かれた情報」の「解釈」(さらには「熟考」)だけでは不十分である。それに基づいて、例えば先の「贈り物」の問7で言えば、「物語の内容」と関連づけて最後の一文=象徴的表現の「用い方」が適切か否か、「評価」を述べることが必要である。つまり、「熟考・評価」には、テキストの表現構造・方法が果たしている機能や効果について、子どもたちが自分自身の考えを書きことばで表現できることが必要となる。

この点にかかわって、先の「分析批評」に基づく佐藤氏の授業では、すでに触れたように、子どもたちが授業でのやりとりをふまえて、毎時間自分の「解釈」(さらには「熟考」)の結果をノートに書いていく活動が組織されている。こうした読みの授業を通して解釈を書くことを積み重ねていく活動は、「熟考・評価」が求める自分自身の考えを書きことばで表現することにつながっていく。読みの授業に書くことを位置づけ、子どもたちに解釈をより深めさせていくことは、言うまでもなく重要ではあるものの、「熟考・評価」の文脈で考えた場合、改めてその必要性を強く指摘できよう。

このような読みの授業において書くことを重視した授業として、今一つ、読み研による「川とノリオ」の授業(柳田良雄氏による実践)をとり上げておこう[13]。この授業においても、子どもたちは、ノートに授業で明らかになったこと、「その時間に発表できなかったことや授業の感想」、「討論のまとめ」などを記している。

さらに、そうしたノートを手がかりとして、この授業で柳田氏が子どもたちに促している「吟味よみ」は、「熟考・評価」につながっていく活動として重要なものとみなせる。柳田氏は、「吟味よみ」を「小学校段階では作品のすぐれたところを出し合う」活動とする。そして、子どもたちによる作品の「吟味」は、「ノートを見て、作品全体を振り返」ること、さらにはノートに記されたそれまでの「学習内容をふり返る」ことに基づくのがよいと言う。例えば、ある子どもは、授業の中で、ノートを見返しつつ「ザアザア」という「川」の音の用いられ方について「吟味」している。すなわち、「川」の音は、「ノリオが流されそうになる場面」、「ノリオが母ちゃんを呼び求める場面」で反復され、「暗示」的だと発言している。それに対して、別の子どもが、「テレビなどで、不気味な音楽が流れるとよくないことが起こる」のと似たような「効果をねらっている」ものだと言う。

右のやりとりにおいて、子どもたちは、「川」の描写の反復という表現構造を捉え、そこに共通する暗示性を解釈し、そうした表現構造が生み出す効果について一定の判断を下しているという点から、テキストの表現構造・方法の「熟考・評価」にまでほぼ達していると言ってよいであろう。この「熟考・評価」を可能にしているのが、読みの授業を通して書くことを積み重ね、記された学習内容をふり返りつつ、作品全体を対象化して読み深めていく活動＝「吟味よみ」とみなせる。つまり、授業の中で生まれた自分の解釈、あるいは他者の解釈へのコメントを書きとどめ、それに基づいて再度作品を読み深めているがゆえに、子どもたちの読みの意識は、人物の心情や場面の様子といったテキストの内容面だけではなく、物語の展開の仕方や特定の表現の用いられ方というテキストの形式面＝表現構造・方法にも及んでいったと考えられる。

4 結び

以上、ＰＩＳＡ型「読解力」が求める、テキストの表現構造・方法にかかわった「熟考・評価」につながるような授業のあり方について、検討した。まとめれば、次のような点を指摘したことになる。すなわち、（ア）象徴など特定の表現構造・方法に着目させて解釈を促すこと、（イ）そうした解釈を書きとどめるノート指導を行うこと、（ウ）ノートに記された学習内容に基づいて表現構造・方法が果たす機能や効果について読み深めを促す（自分の考えを持たせる）こと、である。

右のような諸点は、四半世紀前の西郷竹彦氏の所論をはじめ、既存の国語科授業に関する理論と実践から導き出せるものである。従って、ＰＩＳＡ型「読解力」形成の筋道を構想するには、これまでの理論と実践を再検討し、関連する知見を得る作業が必要だと言える。

注

（1）文部科学省『「読解力」向上に関する指導資料』東洋館出版、二〇〇七年、四三頁

（2）有元秀文『「国際的な読解力」を育てるための「相互交流のコミュニケーション」の授業改革』（溪水社、二〇〇六年、一一九―一二二頁）、堀江祐爾『国語科授業再生の5つのポイント』（明治図書、二〇〇七年、一二三―一二四頁）、鶴田清司『「読解力」を高めるための国語科授業の改革』（明治図書、二〇〇八年、五七―五八頁）などを参照。

（3）国立教育政策研究所編『生きるための知識と技能』ぎょうせい、二〇〇二年、二二三―二二四頁

（4）山本茂喜「文学的文章におけるCritical Readingについて」桑原隆編『新しい時代のリテラシー』東洋館出版、二〇〇八年、九三―九八頁

（5）山本氏の議論は、テキストや問の英語原文の日本語訳にやや難点があることを指摘しつつ進められており、そういう意味でも非常に興味深い分析になっている。

（6）有元秀文『「PISA型読解力」が育つ七つの授業改革』明治図書、二〇〇八年、九六―九八頁

（7）国立教育政策研究所編、前掲書、七〇頁

（8）『西郷竹彦文芸・教育全集』第三巻、恒文社、一九九六年、七七―一一〇頁

（9）鶴田清司『言語技術教育としての文学教材の指導』明治図書、一九九六年、一九―八五頁

（10）阿部昇「構造的な分析が教材研究を深く豊かにする」科学的『読み』の授業研究会編『教材研究を国語の授業づくりにどう生かすか』学文社、二〇〇七年、六―八頁

（11）広島文芸研「新美南吉『ごんぎつね』」『文芸教育』二六号、一九七九年、一〇三―一〇四頁

（12）佐藤文雄『「川とノリオ」全記録』教育技術法則化運動編『「川とノリオ」分析批評による全発問・全指示』明治図書、一九九二年、一五一―一五五頁

（13）柳田良雄「作品のテーマを吟味する力を身につけさせる授業」科学的『読み』の授業研究会編『確かな国語力を身につけさせるための授業づくり』学文社、二〇〇六年、四七―五二頁

『機能的読解指導』（飛田多喜雄　著）

安藤修平（言語・教育研究集団）

1　はじめに

PISAは「黒船」騒動を思わせる。「新学習指導要領」さえも影響を受けた。「現場」での「読み」の状況を十分に把握しそれを生かした形跡も見られないし、読解についての多くの遺産を生かそうとした気配もない。過去及び現在を未来（PISAの読解）とどう結ぶかを丁寧に行う必要がある。「私が勧める」理由である。

2　『機能的読解指導』

『機能的読解指導』は、一九六二（昭三七）年、明治図書から公刊。二四二ページ箱入り（注）。氏は成蹊中教諭。氏は、ことばの機能を、①表現的機能、②伝達的機能、③叙述的機能ととらえ、これを踏まえて望ましい読解指導を提案した。「機能的」とは、「生活的に生きて働く」ということである。陶治価値を生きた関係においてとらえると言ってもよい。つまり、ことばを生活機能という観点からとらえ、ことばが使用され、働いている場面に即してことばの力を身につけさせるという立場である。（まえがき）」と明解に示している。

3　PISAと「機能的読解指導過程」

氏は「読解指導過程」を三段階に分け、第一次段階＝文章に何が書かれているかの理解をめがける、第二次段階＝作者がその文章によって何を言おうとしたか、内面的なもの、意図するものの理解をめがける、第三次段階＝文章から読み取ったことを再認的理解に止めず、いかに自己の生に役立てて価値あるものにするかの創造的、生産的理解をめがける。文章に書かれてあったこと、作者の書こうとしたことが、読み手である自己に何を与え、何をなすべきかを考える段階である。

そのためには、さらに読みに沈潜し、文章の語るもの、作者の語らんとするものと、自己との関係をしっかり見きわめ、熟慮、自問自答、自省がなされるであろう。そして具体的には、生活的適応へ、制作的表現へ、感想批判へ、あるいは行動への誘いというように読み手の個人的価値として生かされる、としている。特に第三次段階は、PISAの求めているものと同方向、否もっと深い。さらには「読解行動が真に目的的な意識活動であるためには、このような理解の深化によって価値づけられなくてはならない。」との四六年前の氏の文言を玩味すべきである。（一九六二年、明治図書、注参照）

注

飛田多喜雄著『国語科教育方法論大系』巻七（一九八四年、明治図書）に再録所収。

『会議が変わる6つの帽子』（エドワード・デ・ボーノ Edward de Bono 著　川本英明 訳）

藤森裕治（信州大学）

原著名は、Edward de Bono(1999)*Six Thinking Hats*. Little Brown & Co. (P)という。著者のデ・ボーノ博士は今から三十年ほど前に、水平思考（Lateral thinking）と呼ばれる思考法を発案して有名になった。水平思考とは、ある問題をさまざまな視点から考えることで常識や固定観念の殻を破り、新鮮で有意義な発見をしようとする営みだ。デ・ボーノ博士はこの思考法をさらに発展させ、建設的で効率的な会議を進めるための方法として、並行思考（Parallel thinking）と呼ばれる思考法を創出した。それが本書の基本概念である。

企業や学校などの組織で行われる会議では、議論がかみ合わなかったり堂々巡りしたりして、無駄に時間をかけるケースが珍しくない。デ・ボーノ博士は、その要因を次のように結論づけた。すなわち、異なる視点でものを言う人が混在しているとき、会議は紛糾すると。

例えばある計画を採用することの可否を巡って議論する場面を想定してみよう。無駄の多い会議では、A氏が当該計画にかかる費用を説明している最中に、B氏が自分はこの計画に気乗りがしないと口を挟んだりする。事実関係という視点で発言しているA氏に対して、感情という視点からB氏が口を挟んでいるため、会議は先に進まない。

こうした無駄な会議にしないための方策としてデ・ボーノ博士が考案したのが、「六つの帽子」と呼ばれる思考ツールである。六つの帽子は、白・赤・黄・黒・緑・青の六色で彩られている。それぞれの色には、この帽子をかぶると必ずこの視点で考えなさいという決まりがある。例えば白い帽子をかぶったら、客観的な事実を述べなければならない。赤い帽子をかぶったら、逆に感情を正直に述べなければならないというように。司会者から「白い帽子をかぶって発言してください」と指示された場合、B氏のような発言は禁じられる。つまり、全員が視点を同じくして、それぞれの立場から発言するわけである。

イギリス圏の小学校では、教室に六つの帽子が飾られて、並行思考による思考トレーニングの学習が行われている。PISA型読解力はもとより、自ら思考し判断し表現する言語力の育成に威力を発揮している。なお、拙著『バタフライ・マップ法』（東洋館出版社）もこの思考法を部分的に応用しているので、興味のある方はついでに是非お求め下さい（苦笑）。

（翔泳社、二〇〇三年、税込一六八〇円）

『反論の技術・実践資料編―学年別課題文と反論例―』（香西秀信 編　高明会系香西流レトリック道場 著）

上谷　順三郎（鹿児島大学）

私たちの多くは今、おそらく読み書きにおける論理的思考力の育成をめざしている。本書はこのような私たちにこの問題を自分の問題として考える場を提供してくれる。

本書は、類似からの議論に反論するために、小学校中学年・高学年、中学校、高等学校に分けて、それぞれに課題文・課題文の分析・反論のポイントと反論例・作文例などを並べている。私たちは実際にそれらを読み、考え、書き、教室で応用することができる。以下、この道場で学ぶ著者たちの言葉を紹介していきたい。

まずどのような研修の場になっていたのか。

・そこでは、議論を真剣に楽しむには、その言葉との謙虚で深い付き合いを余儀無くされるということを思い知らされた。それはちょうどスポーツを楽しむには、そのルールへの真摯な態度が求められるのと似ている。ルールと深く向き合ってこそ、体の動かし方が洗練され、その楽しみが増すのと同じように、相手の言葉や自分の言葉と正面から向き合う誠実さ、謙虚さを持ってこそ言葉は力を発揮し、議論は楽しくなるのだと実感したのだ。（一一六頁）

そしてどんな力をつける場になっていたのか。

・一つの例文が「合格」するためには、aと同じ範疇にあるbをいろいろと変えてみてよりふさわしいものを選んだり、このaとbで議論が成立するかどうかを考えたりします。香西先生はこういった作業を思考実験と呼んでいます。（一二二頁）

最後に師範の香西氏の言葉から。

・「類似からの議論」は、（厳密な統計的根拠があるわけではないが）日常議論でもっとも頻繁に使用される議論形式（論証方法）である。それはまた、議論構造が形式的に明示しやすく、説得力の出所が明らかであり、反論の方法も一義的に定まるので、習得することが比較的に容易である。反論の訓練を、この「類似からの議論」にかかわるものに限定することで、少なくとも学校教育で達成しうる水準までには、議論文（意見文）を書く力、論理的に思考する力を短期間で高めることができる。（五～六頁）

（明治図書、二〇〇八年、税込一九五三円）

『説明的文章指導の再検討―到達目標・到達度評価の立場から―』（水川隆夫 著）

間瀬　茂夫（広島大学）

　ＰＩＳＡの学力調査に関して注目されることの一つに、能力の種類とその評価の段階的な基準が明確に定められているということがある。役割を終えた問題については、模範解答を含めて評価基準が具体的に示されていて、調査の結果のみならずそのシステムが我々を驚かせている側面がある。

　このような評価の枠組みを背景に持つリテラシーに対応しようと思えば、教師は、ＰＩＳＡ型学力として大きく把握するばかりでなく、観点や基準を明確にした評価の考え方を持ち、それを授業作りに生かす能力を備える必要がある。こうした営みは、我が国において到達度評価運動として行われてきた。

　水川隆夫氏は、長く京都府を中心とした到達度評価運動の中で活動しながら、『国語科到達度評価の理論と方法』（明治図書、一九八一年）『国語科基本的事項の到達度評価』（同、一九八七年）と実践研究の成果を国語科の枠組みから著してきている。本書は、到達度評価を主眼とした実践のみならず西郷文芸研など説明的文章指導の研究成果について、到達度評価の観点から水川氏がとらえ直したものであり、氏の国語教育に関する著作のうち現在入手可能なものである（当初教育出版センターから出されたが現在の版元は冬至書房）。

　本書を通して読者は、国語科のとりわけ説明的文章の読みの学習内容に沿って、到達度評価の考え方、授業作りの観点を知ることができる。また、非常に目配りが行き届いた「再検討」であるため、説明的文章の読みの学習指導研究の主要な考え方の特徴や課題を理解することにもなる。

　説明的文章の読みの目標が一般的な認知方法とどのようにつながっているかということ、そうした枠組みからどのように授業作りを行えばよいかということは、むしろ前著において詳らかである。そこでは、ブルームによる教育目標の分類の枠組み、すなわち知識・理解・分析・応用・評価といった観点から国語科の指導目標が分析され、形成的評価に基づいた授業作りの具体例が示されている。本書においては、認知・技能領域、情意・価値領域という二領域に整理され、例えば後者について叙述、構造、要旨、感想・意見、文字・表記、語句・語彙というように、説明的文章の領域に沿った形で示されている。可能なら、前著と併せて読むことで、到達度評価を軸とした国語科の授業作りについて理解を深めることができるであろう。

（冬至書房、一九九二年、税込三〇五九円）

『世界の言語テスト』（国立国語研究所　編）

成田　雅樹（秋田大学）

ＰＩＳＡは学力調査でありテストである。また15歳児を対象としたものである。つまりＰＩＳＡの結果データからは、授業のあり方や小・中学生にふさわしい目標設定の基準などを直接得ることはできない。したがって、既刊のＰＩＳＡ関係の書籍は、ＯＥＣＤ加盟国のカリキュラムや教科書（フィンランド国語教科書等）の研究に基づいてはいても、多分に推測によるものと考えられる。

そこで本稿では、既刊の書籍ではほとんどふれられていない国際標準型（主に欧米）の言語学力観を理解する参考図書として、『世界の言語テスト』をおすすめする。この言語学力観を土台として、欧米のカリキュラムや教科書が編成され、授業も行われていることを考えると、有益な示唆を与える図書であると考えるからである。

本書は３部16章構成である。第１部（全３章）は、言語テストの理論やヨーロッパの共通枠組みについての解説である。第２部（全９章）は、言語別・国別の言語テストの事例紹介である。第３部（全４章）は、言語テストの実施プロセスの事例紹介である。

本書の中でも特にご一読をおすすめしたいのは、第３章「ヨーロッパの言語テストの共通枠組み―ALTE Framework―」と第７章「第２言語としてのオランダ語検定試験の導入とその社会的影響」である。ＰＩＳＡにおける言語学力観とヨーロッパ諸国の言語学力観の共通点を知ることができる興味深い章である。

第３章には、活用・発揮される場面によって「一般的言語能力」「職場の言語能力」「学問の言語能力」「社会・旅行の言語能力」の４種類の言語力段階表が設定されていることが述べられている。これは欧州評議会が開発した言語習熟度に関する共通枠組みの言語活動領域（私的、公的、職業、教育）に基づいているのだそうだ。

第７章には、「読解」の対象とするテキストに５つの種類があることが述べられている。これは「検索的テキスト」（表・グラフ・目次・索引等）「指示的テキスト」（マニュアル類）「教科書のテキスト」「形式的テキスト」（諸手続きの書類）「情報的テキスト」（記事類）であり、ＰＩＳＡでも出題される「非連続型テキスト」を含んでいる。

欧米と日本の言語学力観を比較することは、ＰＩＳＡへの対応を超えて重要である。

（くろしお出版、二〇〇六年、税込四七二五円）

『日本教材学会設立20周年記念論文集「教材学」現状と展望』（日本教材学会 編）

喜岡　淳治（成蹊大学）

1　日本教材学会について

一九八九年一月に設立。二〇〇九年が二〇周年である。記念大会を二〇〇八年一一月に成蹊大学で開催する。現会長は川野辺敏。学者、教師、教材編集者などが参加し、これまでメディア別に進められていた教材についての研究を総合的・横断的に捉え直し、理論的・実践的に研究している学会である。主に、研究発表大会を年一回開催し、その成果を共有している。また、常時研究懇話会を開き、その結果を年報や会報などに発表して、広く伝えている状況である。一九九三年からは、日本学術会議の学術研究団体として正式に登録されている。

2　教材とは何か

最近、学校では、授業の導入の段階で子どもたちを引き付けなくてはならないと言われている。では、子どもたちが身を乗り出すような教材とは何だろうか。また、その教材を、どのような順番で教えれば、もっとも理解しやすいのか。その教材を使って、ムリなく、ムラなく、ムダなく、学習が進められるようにできるのか。学習指導の現場の空気を反映させた、子どもたちの好奇心を刺激しながら、考える楽しさを教える教材を開発したいものである。

そのような教材を探求してやまない人々が、この学会に参集して知識を共有し、またさらに良い教材を目指して凌ぎを削っている状況である。もちろんその中で、PISA型読解力について議論することが最近多くなりつつある。

3　20周年記念論文集の目次

上巻と下巻に分かれている。上巻では、教材全般の説明、各教育内容の教材についての概説が述べられる。さらに、詳しく説明すると、教材の歴史、教材と心理、教材研究の方法、教材の形態とその働き、地域社会と教材、教材の作成、教材の活用、教材の評価と改善である。下巻では、それぞれの教科毎に、教育内容と教材について、この二〇年間の歩みが語られる。

私も、下巻Ⅲ章で、各教育内容と教材の下位項目において、「中学校国語科教育における教材と課題」について書いている。戦後の中学校国語の教材の歩みについて、特に単元の歴史を踏まえながら解説を加えた。教材は、光村図書の「大人になれなかった弟たちに……」（米倉斉加年）を取り上げた。

教科書のなかで、この教材が五回にわたり、単元を変えながら、どのように取り上げられてきたのかについてスポットを当てて紹介している。

（協同出版、二〇〇八年、税込予価上・下巻 四〇〇〇円）

Ⅳ　ＰＩＳＡ型「読解力」を考えるための読書案内――私が勧めるこの一冊

『読解指導―読みの基礎能力―』（倉澤栄吉　著）（『倉澤栄吉国語教育全集』第七巻所収）

青山由紀（筑波大学附属小学校）

本書が出版されたのは、昭和三一年である。今日的課題であるＰＩＳＡ型「読解力」と新学習指導要領の具現化に迫るのに、なぜ今、半世紀も前に書かれた本なのか。その理由は二つある。

一つ目は、本書で述べられている「読解力」が「rading literacy」とほぼ同義であり、且つ、生活から発想している点でＰＩＳＡ型「読解力」と重なるためである。実際、「読みのはたらき」として、次のような文言が見られる。

「読むとは、作者の意見を批判することである。」

「読むとは、文字によって自己の行動に変化を与えることである。」（六〇頁）

これは、ＰＩＳＡ型「読解力」で重視されている「作者の意見や述べ方を評価する」「自分の考えをもつ」に通じる。さらに、読解の対象として、図表、グラフ、ポスター、広告なども挙げられている。

もっとも、当時の国語教育はアメリカの影響を強く受けているため、ＰＩＳＡとの関連性が見られるのは当然と言える。しかし、本書が参考となるのは、理念だけでなく、具体を示している点にある。「第五編　読解指導の具体策」には、実用文、説明文、紀行文、日記、随筆随想文、物語文、伝記文など文種毎に具体案が述べられている。その中には、「比べ読み」といった手立ても見られる。「比べ読み」は、ＰＩＳＡ型「読解力」に応える「読み」の授業づくりで、近年特に注目され、新学習指導要領にも示されている。

さらに、「読み」のプロセスを重視している点においても見るべきものがある。「読みを読むことと考える。読むことはひと続きのプロセスであって、そのプロセスには生活の前後の流れと結びついたすじがはいっていると考えるべき」（七九頁）とある。

二つ目の理由は、今回のＰＩＳＡ型「読解力」をブームに終わらせないヒントがあると考えるからである。本書の「読むこと」が、具体案まで提示しながら日本の国語教育に根付かなかった原因はどこにあるのか。この原因を追及し、それをＰＩＳＡ型「読解力」に対応する授業の開発に生かすことが急務である。その際、昭和三六年にこの続編として出された『読解指導の方法』も、合わせて読まれることをお勧めする。同書と同じ『倉澤栄吉国語教育全集』第七巻に収められている。

（角川書店、一九八八年、税込四五〇〇円）

『文章吟味力を鍛える―教科書・メディア・総合の吟味』（阿部　昇　著）

熊添　由紀子（福岡県八女市立見崎中学校）

「吟味よみ」に初めて出会う方にも、また読みの実践をさらに深めたいと考えておられる方にも、ぜひお薦めしたいのが本書である。

今、「読み研」（科学的『読み』の授業研究会）では、「吟味よみ」についての論議や実践研究が盛んにおこなわれている。「ＰＩＳＡ型読解力」の一つである「文章の評価・批評に関わる力」を育てるためには「吟味よみ」が有効であると考えられるからである。

「吟味よみ」で培う「吟味力」には、言語表現や言語内容を正当に評価する力と鋭く批判する力が含まれる。情報に流されがちな日常の中で主体的に生きていくためには、とりわけこの「批判する力（批判力）」を身につけさせる「吟味よみ」の実践が問われている所以である。

本書は六章で構成されている。第Ⅰ章はマスメディアを含む「語彙と『事実』の吟味」、第Ⅱ章と第Ⅲ章は小学校と中学校の「国語科教科書の吟味」、第Ⅳ章と第Ⅴ章は国語科と社会科（理科）の総合をめざした「社会科（理科）教科書の吟味」、そして第Ⅵ章は「小・中・高で学ばせ身につけさせる二六の吟味の方法」が提示されている。第Ⅵ章では吟味の方法の一つ一つについて具体例が挙げられており、「吟味よみ」の導入の練習問題としても使える内容になっている。

第Ⅱ・Ⅲ章では、まず「構造よみ」「論理よみ」の指導過程と教材分析が丁寧になされ、それをふまえて「評価できる点」と「問題点」が明確に提示されている。「吟味よみ」の授業化を意識した内容になっている。私も「『ありがとう』と言わない重さ」を参考にして実践した。生徒たちは評価できる点（対比的な書かれ方、筆者自身の経験の具体的な提示）や問題点（誤解を与えるような『事実』の提示や対比のしかた等）に気づくことができ、何より私自身が「吟味よみ」の授業のやり方を確かなものにすることができた。

現場やサークルの仲間で大いに読み合いたい一書である。

（明治図書、二〇〇三年、税込二三一〇円）

『クリティカル・シンキングと教育―日本の教育を再構築する』（鈴木健・大井恭子・竹前文夫 編）

松井　健（滋賀県・立命館守山高等学校）

ＯＥＣＤ（経済協力開発機構）実施のＰＩＳＡ調査によると、義務教育修了時の15歳の子ども達を対象にした「数学的リテラシー」「読解力」「科学的リテラシー」の学力調査のうち、「読解力」が他国と比較して著しく低下している傾向が見られた。

では、ここで示している「読解力」とはどういうものなのだろうか。いわゆる学校で得た知識や技術を実生活にどのくらい活用できるか、人生の様々な場面で出くわす課題を、どの程度解決できるかという能力であるが、文科省から出されたＰＩＳＡ型「読解力」では、以下の三つの重点目標が掲げれている。①テキストを理解・評価しながら読む力を高める取り組みの充実、②テキストに基づいて自分の考えを書く力を高める取り組みの充実、③様々な文章や資料を読む機会や、自分の意見を述べたり描いたりする機会の充実である。このうち①については、日本の国語教育で研究実践が弱い分野だと私は考えている。そこで、この「読む力」を高める実践として、クリティカル・リーディング（批判的な読み）を深めたい。クリティカル・シンキング（以下ＣＴ）は、テキストの形式や表現、信頼性、客観性、引用や数値の正当性、論理的な思考の確かさを建設的に評価するという実践である。

本書第１部「クリティカル・シンキングと現代社会」は、ＣＴの歴史的背景や日本におけるＣＴの現状、将来的展望が示され、単なる一教科活動の枠に留まらず、英語科、社会科などの主要な実践課題でもあることが分かる。従って、ＰＩＳＡ型「読解力」は国語科だけの課題ではない。

特に強調したいのが、「日本の子ども達はこのような根拠を考え、それを論述する力が弱い」（一〇一頁）という指摘である。ＰＩＳＡ型では、文章内容からある行為の「根拠」を推論させるのであるが、それを論述する力が弱いというのである。「文章を書くことは言語の４機能（聞く、話す、読む、書く）の中で最も認知力に深く関わっているものであり、書くことと考えることは密接につながっている」（一〇三頁）のだから、説明的な文章を読み、吟味し、リライトする実践がＰＩＳＡ型「読解力」を向上させる上で有効な指導であり、この実践がもっと小中高と系統的に行われるべきである。本書は英語学者が中心に執筆したものであるが、広く「クリティカル・シンキング」を考える上で大変参考になる。

（世界思想社、二〇〇六年、税込一九九五円）

『打たれ強くなるための読書術』（東郷雄二　著）

湯原　定男（岐阜県・多治見西高校）

本書を読み、「吟味よみ」は批判のための批判ではなく、自分を作り上げる一つの方法だと、あらためて感じた。

「吟味よみ」について、「批判のための批判」になってないか、と批判される場合がある。文章を読むのは基本的に学ぶためではないか、というまことにもっともな意見だ。だが、考えてみればこの批判も、自分の中にある「信念」と「吟味よみ」を「自分の頭の中」ですりあわせた結果生まれたものであり、けっして「鵜呑み」にしているわけではない。すでに「吟味」の姿勢は共通していると思う。

本書で伝える読書術は、「能動的読書」をするための方法の提示である。読書は自分と世界の理解を目的とし、自分自身の頭で「問いかけ」ながら常に批判的なまなざしを持って読み取っていく行為であるという。また「能動的読書」とは「自分を組み換える読書」だという。自分の中にある漠然とした信念と読書から得た情報が食い違う場合、あるいは微妙にずれている場合、「今まであなたのなかにあったものとどのように関連するか考えなくてはならない」から、「新たな問題が次々と提起されることに」なって、必然的に「問いかけ」せざるをえないのだ。これが「自分を組み換える」ことだという。ここで強調されるのはやはり「自分」である。あくまでも「自分」なのだ。「吟味」読みをする場合、そこに書かれたことを評価し、かつ批判的に受け取るだけでは不十分。むしろその読書を通して、「自分」の中のものの見方がどう変化し、また、どこが明確でないのか、という点を明らかにするのも読書なのだと教えられた。となれば、読書はきわめて能動的な行為だと言える。

具体的な方法としては、「書いてあることを字義通り理解する」初級読書をへて、「事実」「推論」「主張」に切り分ける分析読書。そして他の本と比べて本を位置づける比較読書、そして批評読書へと至る四段階を提起する。分析読書については、明快な視点での説明であった。また比較読書は他の本との比較をすることで新しい視点を得ることができ、また「問い」をたてやすい。ますますこうした比較する観点は必要とされるだろう。

本書は、読書という行為を「自分」という視点から見直すヒントがあり、非常に刺激的だった。本書で紹介されている『本を読む本』（アドラー＆ドーレン著、講談社）もおすすめである。

（ちくま新書、二〇〇八年、税込七一四円）

【編集代表紹介】

阿部　昇（あべ　のぼる）

秋田大学教育文化学部教授。

科学的『読み』の授業研究会代表、全国大学国語教育学会理事、日本教育方法学会理事、日本NIE学会理事。

〈主要著書〉『文章吟味力を鍛える――教科書・メディア・総合の吟味』明治図書出版、『授業づくりのための「説明的文章教材」の徹底批判』明治図書出版、『力をつける「読み」の授業』学事出版、『新中学国語科教科書研究』（全三巻）［編著］明治図書出版、他。

加藤　郁夫（かとう　いくお）

立命館小学校教諭。

科学的『読み』の授業研究会事務局長。

〈主要著書〉『教材研究の定説化「舞姫」の読み方指導』、『科学的な「読み」の授業入門』［共著］東洋館出版社、他。

柴田　義松（しばた　よしまつ）

東京大学名誉教授。

日本教育方法学会代表理事、総合人間学研究会代表幹事。

日本カリキュラム学会代表理事、日本教師教育学会常任理事などを歴任。

〈主要著書〉『21世紀を拓く教授学』明治図書出版、『「読書算」はなぜ基礎学力か』明治図書出版、『学び方の基礎・基本と総合的学習』明治図書出版、『ヴィゴツキー入門』子どもの未来社、他。

丸山　義昭（まるやま　よしあき）

新潟県立長岡大手高等学校教諭。

科学的『読み』の授業研究会運営委員。

〈主要著書〉『教材研究の定説化「こころ」の読み方指導』明治図書出版、『科学的な「読み」の授業入門』［共著］東洋館出版社、他。

国語授業の改革8

PISA型「読解力」を超える国語授業の新展開
―新学習指導要領を見通した実践提案

2008年8月25日　第1版第1刷発行
2009年9月25日　第1版第2刷発行

科学的『読み』の授業研究会［編］
（編集代表：阿部昇／加藤郁夫／柴田義松／丸山義昭）

発行者　田　中　千津子

〒153-0064　東京都目黒区下目黒3-6-1
電　話　03（3715）1501㈹
FAX　03（3715）2012
振　替　00130-9-98842
http://www.gakubunsha.com

発行所　株式会社　学　文　社

印刷所　メディカ・ピーシー

ISBN 978-4-7620-1869-5